Geschichte

Niedersachsen

STARK

Bildnachweis

S. 6: Foto: Sergey Lvovich Levitsky, 1880
S. 8: Foto: Boissonnas & Eggler, 1909
S. 12: Bundesarchiv, Bild 183-R15068, Fotograf: unbekannt, 1929, CC BY-SA 3.0
S. 14: Foto: Pyotr otsup, 1918
S. 16: United States. Office of War Information. Overseas Picture Division. Washington Division. Farm Security Administration - Office of War Information Photograph Collection.
S. 32: Bain News Service, 1915
S. 34: Bundesarchiv, B 145 Bild-F051656-1395, Fotograf: unbekannt, 1919, CC-BY-SA 3.0
S. 36: Bundesarchiv, Bild 102-03034 Georg Pahl/11. August 1926/CC-BY-SA 3.0
S. 42: Bain News Service, vmtl. 1927
S. 44: Franklin D. Roosevelt Presidential Library and Museum, Photo by Lewis W. Hine, 1935
S. 46: Bundesarchiv, Plak 002-016-047, Grafiker: Mjölnir [Schweitzer, Hans], 1932
S. 48: Foto: Christian Michelides / wikipedia, CC BY-SA 4.0
S. 52: SPIEGEL GESCHICHTE 6/2016

© 2024 STARK Verlag GmbH
www.stark-verlag.de

Inhalt

Inhalt

Hinweise zur Benutzung

- Mit der Machtübernahme der Bolschewiki nach der Oktoberrevolution 1917 begann in Russland nicht nur im übertragenen Sinn eine neue Zeitrechnung: Ab dem Jahr 1918 wurde der vorher verwendete Julianische Kalender auf den auch heute bei uns gültigen Gregorianischen Kalender umgestellt. Nach diesem fand die Februarrevolution eigentlich im März und die Oktoberrevolution im November statt. Im vorliegenden Heftchen werden jeweils die zeitgenössisch gültigen Daten verwendet, also bis Ende 1917 nach dem Julianischen Kalender, ab Januar 1918 nach dem Gregorianischen Kalender.
- St. Petersburg wurde im Laufe seiner Existenz mehrfach umbenannt: In der Zarenzeit war es genauso wie heute unter „St. Petersburg" bekannt, wurde aber während des Ersten Weltkriegs zu „Petrograd" russifiziert. Von 1924 bis 1991 sprach man dann von „Leningrad". Im vorliegenden Heftchen wird jeweils der im behandelten Zeitabschnitt aktuelle Name gebraucht.

Die **Themen der verbindlichen Wahlmodule des Geschichtsabiturs in Niedersachsen 2025** sind breit gestreut und reichen von den russischen Revolutionen über Chinas Kontakt mit den imperialistischen Mächten bis hin zur Entwicklung der Gesellschaft der Weimarer Republik. Dazu kommt die Beschäftigung mit der Geschichts- und Erinnerungskultur, im **Abitur 2025** speziell mit Mythen.

Bei diesen auch zeitlich weit gespannten Themen ist es nicht immer leicht, den Überblick zu behalten. Ihnen dabei zu helfen, ist das Hauptanliegen des vorliegenden Büchleins, das nach dem Doppelseiten-Prinzip aufgebaut ist.

- Jede Doppelseite beginnt mit einem **Schaubild**, das ein schnelles Erfassen des Themas ermöglicht und seine zentralen Merkmale veranschaulicht. Durch die grafische Gestaltung werden Zusammenhänge auf einen Blick deutlich und sind leichter zu behalten.

- Die **historische Abbildung** neben jedem Schaubild gibt einen Einblick in die behandelte Zeit und kann als Merkhilfe dienen.

- Die **Gliederung** des Büchleins folgt den inhaltlichen Vorgaben der vom niedersächsischen Kultusministerium erlassenen verbindlichen Wahlmodule, um eine optimale Vorbereitung auf das Abitur zu ermöglichen. Dabei sind die einzelnen **Lehrplaninhalte** auf **Doppelseiten** prägnant in **Stichpunkten** dargestellt. Auf diese Weise lassen sich die zentralen Aspekte schnell erfassen und leichter merken.

  - Das erste Kapitel behandelt die **russischen Revolutionen**, also Russlands Wandlung von einem autokratisch regierten Zarenreich zu einer sozialistischen Einparteiendiktatur. Es geht dabei sowohl auf die Vorgeschichte und den Verlauf der Revolutionen ein als auch auf deren Folgen.

  - Das Kapitel zu **China im Zeitalter des Imperialismus** beschäftigt sich zunächst mit Weltbild und Selbstverständnis der Chinesen und Europäer im 19. Jahrhundert, um anschließend den Kontakt zwischen China und den imperialistischen Mächten in den Blick zu nehmen. Dabei umfasst es sowohl die erzwungene Öffnung des Landes durch die ausländischen Mächte als auch die Reaktionen Chinas auf die Einflussnahme von außen. Auf einer Doppelseite wird zudem Japan als Vergleichsnation herangezogen. Abgerundet wird die Einheit mit einem Überblick über die Entwicklung Chinas vom Kaiserreich zur Republik.

  - Das dritte Kapitel konzentriert sich auf die Entwicklung der **Gesellschaft in der Zeit der Weimarer Republik**. Es geht zunächst auf die Gründungsphase 1918/19 ein und betrachtet die Novemberrevolution, die Weimarer Verfassung, den Versailler Vertrag sowie die Träger und Gegner der Republik. Nach einem Überblick über die relativ stabilen Jahre 1924–1928/29 widmen sich die abschließenden Doppelseiten der unruhigen Endphase von Weimar und dem letztendlichen Scheitern der ersten deutschen Demokratie 1929–1933.

  - Das letzte inhaltliche Kapitel beschäftigt sich mit Themen der **Geschichts- und Erinnerungskultur**. Dabei gibt es sowohl einen allgemeinen Überblick über historische Erinnerung als auch über **Formen und Funktionen von Mythen**. Beispielhaft wird auf einer Doppelseite zudem der **Mythos „Oktoberrevolution"** behandelt.

Der STARK Verlag wünscht Ihnen bei der Arbeit mit dem Buch viel Freude und für das Abitur viel Erfolg!

Auf einen Blick

Zar Alexander II.

Russische Zaren im 19./20. Jahrhundert

 Alexander I.
Regent 1801–1825

- zunächst großer Reformwille
- später Verzicht auf Veränderungen, um Adel zufriedenzustellen
- Sieg über Napoleon → Machtausdehnung Russland

 Nikolaus I.
Regent 1825–1855

- Errichtung eines autoritären Regimes
- Unterdrückung revolutionärer Bestrebungen
- verstärkte Russifizierungspolitik

 Alexander II.
Regent 1855–1881

- „Große Reformen" (Bauernbefreiung) → Beiname: Zar-Befreier
  ABER: weiterhin wachsende Verelendung
- Enstehung unterschiedlicher Oppositionsbewegungen
- mehrere Attentate auf Alexander II., eines davon tödlich

 eher liberal-reformbereite Politik

eher restriktiv-konservative Politik

 Alexander III.
Regent 1881–1894

- vehemente Unterdrückung und Verfolgung politischer Gegner
- Aufhebung fast aller Liberalisierungen seines Vorgängers
- radikale Russifizierungsmaßnahmen

Nikolaus II.
Regent 1894–1917

- Festhalten an autokratischer Politik und Gottesgnadentum
- Reformunwilligkeit
- strikte Russifizierungspolitik
- Schwächung des Zarentums durch Weigerung, wichtige Entscheidungen zu treffen

Grundlagen

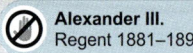

Zaristisches Herrschaftssystem

- seit dem 16. Jahrhundert: autokratische Zarenherrschaft der **Romanow-Dynastie**
- größere **Machtfülle des Zaren** und höherer Grad an Zentralisierung im Vergleich zu Herrschaftsformen in Mittel- und Westeuropa im 19. Jahrhundert
- Zar als **unumschränkter Herrscher von Gottes Gnaden:** keine Gewaltenteilung, keine Bindung an Rechtsnormen und Institutionen
- **Stützen der zaristischen Macht:** orthodoxe Kirche, Adel, Beamtenschaft, Geheimpolizei, Militär
- lückenlose **Überwachung der Untertanen** durch Unterdrückungsapparat → kaum Spielraum für öffentliche Diskussionen oder Kritik

Russisches Gesellschaftssystem

- **Adel:** zahlenmäßig sehr **kleine Minderheit** mit aufwendigem Lebensstil, ohne politische Mitbestimmungsrechte, vollkommene **Abhängigkeit vom jeweiligen Herrscher**, Verpflichtung zum Dienst für den Staat als Beamte oder Soldaten
- **Bauern** als größte gesellschaftliche Gruppe: **Leibeigene** auf Gütern des Staats bzw. auf Privatbesitz der Adligen → **keinerlei Rechte** und Leben im Elend
- **Fehlen eines** wirtschaftlich und politisch selbstbewussten **Bürgertums** → kaum liberale Gruppierungen als Opposition zu Zarenherrschaft
- ab Mitte des 19. Jahrhunderts Entstehung von **Arbeiterschaft** durch aufkommende Industrialisierung: **politische Unterdrückung**, katastrophale Wohn-, Arbeits- und Lebensverhältnisse
- ab 1830er-Jahren Herausbildung der „**Intelligenzija**" = Schicht aus gebildeten Adligen oder Bürgern, die Veränderung von Staat und Gesellschaft anstreben → **revolutionäres Potenzial**, ABER: Unterdrückung jeglicher Opposition durch Polizeistaat → Arbeit in Untergrund und Exil

Geographische Ausdehnung

- seit dem 16. Jahrhundert: Anwachsen Russlands zu einem **riesigen Vielvölkerstaat** mit Untertanen aus unterschiedlichen Stämmen und Volksgruppen
- Schaffung einer **Zusammengehörigkeit durch Zarenherrschaft** der Romanow-Dynastie
  → bei Widerstand Unterwerfung mit militärischen Mitteln, aber keine Versuche zur Herstellung einer einheitlichen Kultur, Sprache oder Nationalität
- erst ab ca. 1850: Verhärtung der russischen **Nationalitätenpolitik** → erste **Russifizierungsversuche** nach Aufständen durch nationale Bewegungen

Reformansätze im Zarenreich („Große Reformen") und ihre Auswirkungen

- **Krimkrieg** (1853–1856) als Auslöser: **Zarenreich** gegenüber anderen Großmächten militärisch und wirtschaftlich **hoffnungslos unterlegen** → „**Modernisierung von oben**" durch Zar Alexander II. und aufgeklärte Bürokraten, ABER: Widerstand des Adels
- Februar 1861: **Aufhebung der Leibeigenschaft**
  - **Befreiung der Bauern** von leibherrlicher Willkür, ABER: Bauern dennoch keine gleichberechtigten Staatsbürger, sondern weiterhin Abhängigkeit von Landgemeinden
  - Land bleibt Eigentum der Grundherren, aber **Zuteilung von Landanteilen über Landgemeinden** an die Bauern **zur Nutzung** → Wunsch vieler Bauern nach Eigenbesitz („**Landhunger**")
  - Verpflichtung der Bauern zu **Ablösungszahlungen und Frondiensten**, um Land wirklich zu erwerben, nur Erlass der Schulden, wenn Bauern sich mit kleinerem Land („Bettelanteil") begnügen → **weiterhin Kontrolle des Adels über das Land**
  → **Enttäuschung der Bauern** über Befreiungsgesetz mit langwierigem Ablösungsprozess: bei sprunghaftem Anstieg der bäuerlichen Bevölkerung **Landzuteilungen zu klein** und finanzielle Belastung zu groß
  → **Missernten und Hungerkatastrophen**
  → wachsende **Verelendung**
- Abschaffung der Leibeigenschaft als **erfolgloser Versuch zur Modernisierung des Landes**
  → keine Stabilisierung der Zarenherrschaft, stattdessen **Schwächung der Zentralgewalt durch (gescheiterte) Reformen**
- (eingeschränkte) **Reformen** im Rechts-, Verwaltungs-, Militär- und Bildungswesen
- Anfänge einer **Industrialisierung:**
  - Gründung von **Staatsbetrieben und finanzielle Unterstützung** von Unternehmern durch den Staat
  - hohe **Importzölle** zum Schutz vor ausländischer Konkurrenz
  - Import westlichen Kapitals zur **Förderung des Eisenbahnbaus** → wirtschaftliche Erschließung des Landes und Bildung eines Binnenmarktes sowie Entwicklung von **Schwerindustrie und Maschinenbau**
  → **Abwanderung zahlreicher verarmter Bauern nach St. Petersburg und Moskau**, ABER: zunächst nur geringer Bedarf an Arbeitskräften, dennoch rascher Anstieg der Bevölkerungszahl in den Städten → **katastrophale Arbeits- und Lebensbedingungen**
  → keinerlei Absicherung oder soziale Unterstützung durch den Staat und Verbot gewerkschaftlicher Organisation → Entstehung einer **Industriearbeiterschaft mit revolutionärem Potenzial**

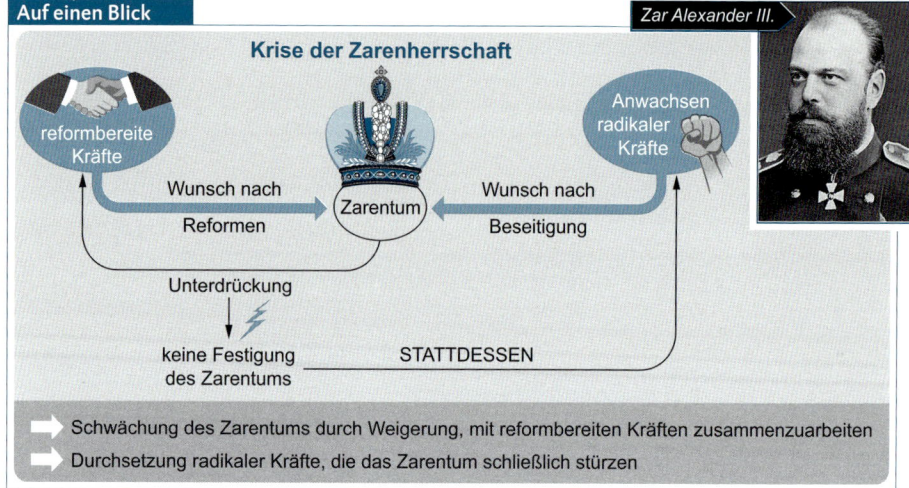

Auf einen Blick   *Zar Alexander III.*

Krise der Zarenherrschaft

reformbereite Kräfte

Anwachsen radikaler Kräfte

Wunsch nach Reformen → **Zarentum** ← Wunsch nach Beseitigung

Unterdrückung ↓

keine Festigung des Zarentums   STATTDESSEN

➡ Schwächung des Zarentums durch Weigerung, mit reformbereiten Kräften zusammenzuarbeiten

➡ Durchsetzung radikaler Kräfte, die das Zarentum schließlich stürzen

---

Ursachen und Hintergründe

Strukturelle Ursachen

- **schwierige Lage der Bauern** auf dem Land
- prekäre **Situation der Arbeiterschaft** in den Städten
- schwieriges Verhältnis der **unterschiedlichen Nationalitäten** im Zarenreich zur russischen Zentrale
- rückständiges Herrschaftssystem, das auf **Alleinherrschaft des Zaren** beruht: letzter Zar Nikolaus II. **lehnt Modernisierungsvorschläge von gemäßigten Reformern ab** → am Ende setzen sich Oppositionelle durch, die System ganz und gar beseitigen wollen

Wachsender Druck auf Zarenherrschaft

- **Rebellionen** einzelner Volksgruppen und **Forderungen nach Unabhängigkeit** aus mehreren, voneinander unabhängigen Gründen:
  - zunehmende **Bürokratisierung und Zentralisierung** durch Reformen (u. a. Einführung von Russisch als Amtssprache)
  - Entstehung von Nationalbewusstsein und **Nationalbewegungen**
  - **Konflikte zwischen einzelnen Volksgruppen** (z. B. bei Konkurrenz um Arbeitsplätze und Lebenschancen)
  - → verstärkte **Russifizierungsmaßnahmen** der letzten beiden Zaren
  - → **Zulauf zu sozialistischen, antizaristischen Parteien**, die sich für Nationalautonomie einsetzen
- **Schwächung der internationalen Stellung Russlands** und Offenbarung der technischen Rückständigkeit durch militärische Niederlagen, z. B. im Russisch-Japanischen Krieg 1904/05
- **Proteste der Bauern** gegen Abhängigkeit von adligen Grundbesitzern
- **Kritik Intellektueller an Reformunfähigkeit** des Staats → Zweifel an Zarentum

Entstehung einer politischen Opposition

- Dezember 1825: **Aufstand** von jungen Adligen und Offizieren („**Dekabristen**" wegen russ. *dekabr* = Dezember), um Reformen nach westlichem Vorbild zu erzwingen = trotz Niederschlagung durch den Zaren **Anfangspunkt revolutionärer Bewegungen** in Russland
- Entwicklung von **zwei unterschiedlichen Richtungen:**
  - „**Westler**" (u. a. Alexander Herzen): Wunsch, westliche Modelle vollständig auf Russland zu übertragen, um dessen Rückständigkeit zu beseitigen
  - „**Slawophile**": Bewahrung der eigenen russischen Kultur und Idealisierung der russischen Dorfgemeinschaft als Keimzelle eines russischen Sozialismus
- vehemente **Unterdrückung sämtlicher oppositioneller Organisationen** → Agitation im Untergrund bzw. im Exil

Entwicklung unterschiedlicher Strömungen und Organisationen

- **Anarchisten** (z. B. Michail Bakunin): Forderung nach spontanem Bauernaufstand und Zerstörung der staatlichen Machtstrukturen → **Ziel:** freier Zusammenschluss von Produktionsgemeinschaften mit kollektivem Eigentum, die **Staat überflüssig machen**
- Bewegung der **Narodniki** („Volkstümler"): russische Dorfgemeinde als Modell für sozialistische Gesellschaft → „**Aufklärungsarbeit**" bei Bauern in russischen Dörfern, um dadurch **Aufstände zu provozieren**, ABER: **Scheitern** an Gleichgültigkeit und Misstrauen der Bauern
- 1879: Gründung der Vereinigung „Volkswille" (ab 1901 „**Partei der Sozialrevolutionäre**") durch Teil der Narodniki
  - **Mittel des Terrors**, um sofortigen Umsturz zu erzwingen
  - 1881: tödliches **Attentat auf Zar Alexander II.**, ABER: statt Provozierung von Aufständen Trauer des Volks um „seinen Zaren"
  - → **reaktionärer Kurs Alexanders III.** mit Unterdrückung der revolutionären Bewegung
- Entwicklung der **russischen Sozialdemokratie** auf Grundlage der Schriften von Karl Marx, die Terroranschläge ablehnt und in Orientierung am Westen **Industriearbeiterschaft als Träger der Revolution** sieht
  - 1895: Gründung des „**Kampfbunds für die Befreiung der Arbeiterklasse**"
  - 1898: „**Russische Sozialdemokratische Arbeiterpartei**" (RSDAP) mit Wunsch nach **Sturz der Zarenherrschaft** zur Errichtung eines bürgerlichen Klassenstaats (Bourgeoisie), danach **Klassenkampf der Arbeiterklasse** unter Führung der Sozialdemokratie
  - **Spaltung der RSDAP** auf Parteitag in London 1903: **revolutionärer Flügel** mit strenger Organisation von oben nach unten und Ziel, den Zaren zu stürzen (**Bolschewiki**, u. a. Lenin) ↔ **gemäßigter Flügel**, der an Massenpartei mit demokratischer Organisation festhält und Zusammenarbeit mit bürgerlichen Kräften anstrebt **(Menschewiki)**
- 1904: Gründung des „**Bundes der Befreiung**" als sozialliberale Opposition gegen autokratische Herrschaft
  - **Forderung nach Verfassunggebender Versammlung**, bürgerlichen Freiheitsrechten, sozialen Verbesserungen für Arbeiterschaft und Bauern
  - Herausbildung von **zwei liberalen Parteien:** liberalkonservative „**Oktobristen**" als dem Zaren gegenüber loyale Opposition und Konstitutionell-Demokratische Partei („**Kadetten**") mit radikaleren Forderungen nach voller Parlamentarisierung und Verfassung durch das Parlament

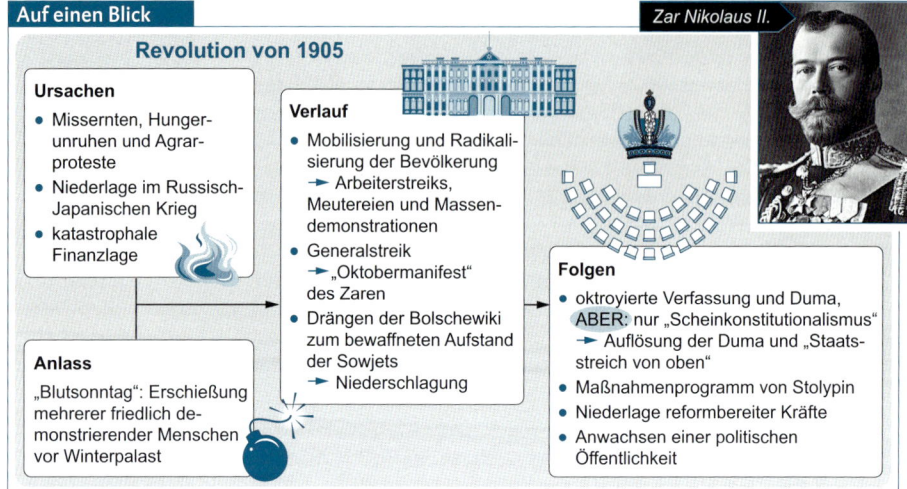

Auf einen Blick

Zar Nikolaus II.

Revolution von 1905

Ursachen

- Missernten, Hungerunruhen und Agrarproteste
- Niederlage im Russisch-Japanischen Krieg
- katastrophale Finanzlage

Anlass

„Blutsonntag": Erschießung mehrerer friedlich demonstrierender Menschen vor Winterpalast

Verlauf

- Mobilisierung und Radikalisierung der Bevölkerung
  → Arbeiterstreiks, Meutereien und Massendemonstrationen
- Generalstreik
  → „Oktobermanifest" des Zaren
- Drängen der Bolschewiki zum bewaffneten Aufstand der Sowjets
  → Niederschlagung

Folgen

- oktroyierte Verfassung und Duma, ABER: nur „Scheinkonstitutionalismus"
  → Auflösung der Duma und „Staatsstreich von oben"
- Maßnahmenprogramm von Stolypin
- Niederlage reformbereiter Kräfte
- Anwachsen einer politischen Öffentlichkeit

Vorgeschichte

- 1902/03: **Missernten** → **Hungerunruhen und Agrarproteste** auf dem Land
- 1904/05: **Russisch-Japanischer Krieg** → Entwicklung zu militärischer Katastrophe und **Niederlage Russlands** → Verschärfung von Finanz- und Versorgungslage sowie Untergrabung der Autorität der militärischen und politischen Führung

Verlauf

- 9. Januar 1905: **Zug** von über 100 000 Arbeitern **zum Winterpalast** in St. Petersburg, um dem Zaren **Bittschriften mit Forderungen** nach bürgerlichen Freiheiten, einem Parlament und Einführung des Acht-Stunden-Tags zu übergeben
- **Aufmarsch von Soldaten** auf Befehl der Regierung → **Eröffnung des Feuers** und Erschießung einer großen Zahl von Menschen = **„Blutsonntag"** → Zerstörung des Mythos vom „guten Zaren"
- **Mobilisierung und Radikalisierung der Bevölkerung** → in den Folgemonaten Arbeiterstreiks und Meutereien sowie wilde Enteignungen von Ackerland
- Juni 1905: **Meuterei auf Panzerkreuzer Potemkin** im Schwarzen Meer und Massendemonstrationen der Besatzung gegen den Zaren in Odessa → Eröffnung des Feuers durch loyale zaristische Truppen und **Tötung mehrerer Demonstranten**
- Oktober 1905: Ausweitung der einzelnen Streiks zu **Generalstreik** → **„Oktobermanifest" von Zar Nikolaus II. als Zugeständnis:** Versprechen von bürgerlichen Freiheitsrechten und gesetzgebender Versammlung mit gewählten Volksvertretern
- **Bildung von Sowjets** (Räten) aus Streikkomitees als eine Art **Arbeiterparlament** mit meist parteilosen Deputierten → Bemühen der sozialistischen Gruppen um Kontrolle
- nach „Oktobermanifest" des Zaren **Verebben der Revolution**, ABER: Aufruf des Moskauer Sowjets auf **Drängen der Bolschewiki zum bewaffneten Aufstand** → **Niederschlagung** der Revolte und massives Vorgehen gegen aufständische Bauern durch zarentreue Truppen

Folgen der Revolution

- Mai 1906: Verabschiedung einer **oktroyierten Verfassung** und Eröffnung der **Gesetzgebenden Versammlung** (Duma) durch den Zaren = Beginn einer kurzen konstitutionellen Phase in Russland, ABER: eigentlich nur „**Scheinkonstitutionalismus**" (Max Weber)
  - **eingeschränkte Versammlungs- und Meinungsfreiheit**
  - Vetorecht des Zaren bei Gesetzen und Möglichkeit zur **Auflösung der Duma**
  - Möglichkeit des Zaren und der Regierung, **unabhängig von der Duma Gesetze zu erlassen**
  - Regierung allein dem Zaren verantwortlich
  - weiterhin Zuständigkeit des Zaren für Armee und Außenpolitik
  - Bevorzugung von Adel und Besitzbürgertum beim Wahlrecht
  - → dennoch **Mehrheit der Duma-Mitglieder in Opposition zur Regierung**
  - → „Kadetten" als stärkste Fraktion: Wunsch nach Umwandlung Russlands in parlamentarische Monarchie → **Auflösung der Duma durch Nikolaus II.** im November 1906, ABER: **zweite Duma noch radikaler**
  - → erneute Auflösung und **Wahlgesetz zur Sicherung einer konservativen Mehrheit** = „Staatsstreich von oben" und Wiederherstellung der alten Verhältnisse hinter parlamentarischer Fassade
- **Maßnahmenprogramm** („Zuckerbrot und Peitsche") von zarentreuem Minister **Pjotr Stolypin** (1906–1911):
  - Durchsetzung der staatlichen Gewalt und **Unterdrückung revolutionärer Bewegungen** mit brutaler Härte, u. a. Verbannung von Oppositionellen nach Sibirien
  - **Förderung der Industrialisierung**, Aufhebung der bäuerlichen Staatsschulden, Erlaubnis zum Austritt aus der Dorfgemeinde, **Zuweisung des bewirtschafteten Landes als Eigentum** und Aufhebung der Bodenzersplitterung
  - → Entstehung eines **bäuerlichen Mittelstandes** (Kulakentum), ABER: nur **langsame Wirksamkeit des Reformprogramms** und Widerstand unter den Bauern
- nahezu vollständige **Niederlage der reformbereiten Kräfte**, ABER: nicht zum **Vorteil** des Zaren, sondern **der radikalen Gruppen**, die altes System stürzen wollen
- **Schwächung des Zarentums durch Nikolaus II.**, der sich weigert, wichtige Entscheidungen zu treffen → **Verschiebung der Zuständigkeiten** von der Obrigkeit zu dezentralen Institutionen (z. B. Stadtverwaltungen, Duma)
- **Anwachsen einer politischen Öffentlichkeit** und Etablierung zivilgesellschaftlicher Organisationsformen, z. B. von Parteien (1905 legalisiert)
- **Prozesse der Nationsbildung** in vielen Regionen des Reichs
- **Deutungsansätze** von Historikern:
  - Theorie der „**doppelten Polarisierung**" (Leopold Haimson): Entfremdung der liberalen Reformer von autokratischer Obrigkeit, was „Revolution von oben" verhindert sowie Spaltung zwischen Liberalen und Bauern/Arbeitern, sodass Letztere sich zunehmend radikalisieren
  - **konservative russische Historiker:** Verantwortung für Untergang des Zarenreichs liege bei rücksichtsloser, zerstörerischer Politik der liberal-demokratischen Opposition, die Autorität des Zaren untergraben und damit der radikalen Linken den Weg an die Macht geebnet habe

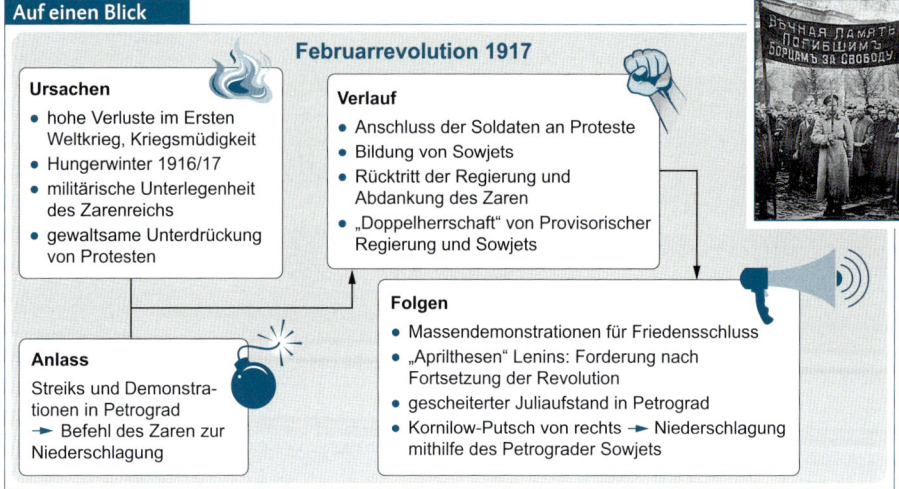

Auf einen Blick

Februarrevolution 1917

Ursachen
- hohe Verluste im Ersten Weltkrieg, Kriegsmüdigkeit
- Hungerwinter 1916/17
- militärische Unterlegenheit des Zarenreichs
- gewaltsame Unterdrückung von Protesten

Verlauf
- Anschluss der Soldaten an Proteste
- Bildung von Sowjets
- Rücktritt der Regierung und Abdankung des Zaren
- „Doppelherrschaft" von Provisorischer Regierung und Sowjets

Anlass
Streiks und Demonstrationen in Petrograd
➤ Befehl des Zaren zur Niederschlagung

Folgen
- Massendemonstrationen für Friedensschluss
- „Aprilthesen" Lenins: Forderung nach Fortsetzung der Revolution
- gescheiterter Juliaufstand in Petrograd
- Kornilow-Putsch von rechts ➤ Niederschlagung mithilfe des Petrograder Sowjets

Vorgeschichte

- Ausbruch des **Ersten Weltkriegs** im August 1914, in dem **Russland an der Seite Großbritanniens und Frankreichs** (Entente) gegen Deutschland, Österreich-Ungarn und das Osmanische Reich (Mittelmächte) kämpft
- **hohe Verluste** bei russischen Truppen und **Fehlen von Bauern** auf dem Land **und Arbeitern** in Fabriken → weitverbreitete Kriegsmüdigkeit
- **Hungerwinter** 1916/17: Verschlechterung der Versorgungslage und der Lebensbedingungen der Menschen → **Hungerunruhen**, Massenstreiks, Desertionen und **Aufstände** in Randgebieten des Reichs
- **militärische Unterlegenheit des Zarenreichs** gegenüber Deutschland und Österreich → **Vertrauensverlust** in militärische Führung und **Befehlsverweigerungen** → Teile der Armeeführung distanzieren sich von Zar Nikolaus II.
- **wachsende Protestbereitschaft** und Verlangen nach Mitsprache auch in der Duma: Bildung des „Progressiven Blocks" aus allen Parteien (Ausnahme: radikale Linke und Rechte) und **Forderung von Reformen** → **gewaltsame Reaktion des Zaren:** Kritiker kommen ins Gefängnis

Verlauf

- 23. Februar 1917: **Streik und Demonstrationen** von 128 000 Arbeiterinnen und Arbeitern in Petrograd → **Befehl des Zaren zur Niederschlagung** der Unruhen, ABER: Anschluss der Soldaten an die Proteste → Plünderung der Waffenarsenale und **Machtübernahme in der Stadt**
- Bildung von **Arbeiter- und Soldatenräten (Sowjets)** aus hauptsächlich gemäßigten Linken → Forderungen nach Brot, Beendigung des Kriegs und Beseitigung der Zarenherrschaft
- 26. Februar 1917: **Anschluss weiterer militärischer Einheiten an Aufständische** → Stadt vollkommen in der Hand von Arbeitern und Soldaten
- wachsender Druck der Straße → **Rücktritt der Regierung des Zaren**
- **Weigerung der Duma**, dem Befehl des Zaren **zur Selbstauflösung** nachzukommen

- Bildung einer **Provisorischen Regierung aus liberalen Kräften der Duma** zur Ausübung der vorläufigen Regierungsgewalt ↔ **Wahl des Petrograder Sowjets**, der ebenfalls politische Führung beansprucht und hauptsächlich gemäßigte, sozialistische Ideen vertritt
- **Abdankung des Zaren** unter Druck der Duma und seiner obersten Militärs sowie Verzicht des Bruders des Zaren, den Thron zu übernehmen = Ende der 300-jährigen Romanow-Herrschaft
- **Phase der „Doppelherrschaft"** von Provisorischer Regierung (Duma) unter Führung des liberalen Fürst Lwow und Exekutivkomitee der Arbeiter- und Soldatenräte (Sowjets)
  - **Provisorische Regierung** bestehend aus Vertretern der bürgerlichen Parteien und einem Minister der Sozialrevolutionäre: Vertretung der **Interessen von Adel und Besitzbürgertum** → Streben nach Weiterführung des Kriegs und „Siegfrieden"
  - **Sowjets** bestehend aus **Menschewiki** (Bezug zu Industriearbeiterschaft) und **Sozialrevolutionären** (Bezug zu Bauern) mit Basis in „Intelligenzija": Forderungen nach sofortigem Friedensschluss, Mitbestimmungs- und Kontrollrechten für Fabrikkomitees sowie Agrarreform
  → **Konflikte zwischen Provisorischer Regierung und Sowjets** vorprogrammiert

Folgen

- **Druck auf Provisorische Regierung** aus unteren Gesellschaftsschichten
- April 1917: **Massendemonstrationen für sofortigen Friedensschluss** → Einsatz von Polizeigewalt durch die Regierung mit Schießereien und Todesopfern
- **Bildung der 1. Koalitionsregierung**, in die gemäßigte Sozialisten mit aufgenommen werden, um Bevölkerung zu beruhigen, ABER: **kein wirklicher Kurswechsel** → weiterhin schwindende Zustimmung in der Bevölkerung und **zunehmender Einfluss der Bolschewiki**
- April 1917: **Rückkehr Lenins aus dem Exil** mithilfe der deutschen Reichsregierung und **Forderung nach Fortsetzung der Revolution** („Aprilthesen"), um alleinige Macht der Arbeiter („Diktatur des Proletariats") zu erreichen → Verschärfung der Auseinandersetzungen
- Juni 1917: Anordnung einer **letztlich erfolglosen Kriegsoffensive** durch die Regierung („Kerenski-Offensive") → fluchtartiger Rückzug und **Zerfall der Armee**
- Juli 1917: wieder Zunahme von Streiks und Aussperrungen, zudem galoppierende Inflation und **Verschlechterung der Versorgungslage** → erneute **Demonstrationen**, Landübernahmen durch Bauern und Desertionen wegen Unmut der Soldaten über ausbleibenden Friedensschluss
- **Juliaufstand in Petrograd:** bolschewistische Demonstrationen (wahrscheinlich nicht von bolschewistischer Führungsriege gesteuert) sowie Straßenkämpfe zwischen Bolschewisten und Regierungstruppen, ABER: **Scheitern des Aufstands und Flucht Lenins** nach Finnland
- **Bildung der 2. Koalitionsregierung** unter Alexander Kerenski (nach außen hin sozialistisch, in der Praxis aber **Weiterführung der bisherigen Politik** und Unterdrückung der Bolschewiki)
- **Verfall von Wirtschaft, Armee und Staat** durch Fortsetzung des Kriegs
- August 1917: **Putsch konservativer Militärkreise** unter abgesetztem General Kornilow zur Entmachtung der Linken, ABER: letztlich **Aufwertung der Bolschewiki wegen Kerenskis Hilfsgesuch bei Petrograder Sowjet** zur Niederschlagung des Putsches
- **Gründe für Scheitern der Provisorischen Regierung:**
  - Fehlen von Instrumenten, um Macht durchzusetzen, da **Soldaten aufseiten der Sowjets** stehen → Herrschen von **Anarchie** mit Plünderungen, Pogromen und Gewaltorgien
  - Verlust von Legitimität in der Bevölkerung wegen **Aufschub wichtiger Reformen** (Landverteilung, Lohnerhöhung) für Zeit nach Wahl einer Verfassunggebenden Versammlung
  - **Fortsetzung des Kriegs** trotz Friedenssehnsucht der Bevölkerung
  - **Unterschätzung der Gefahren von links**

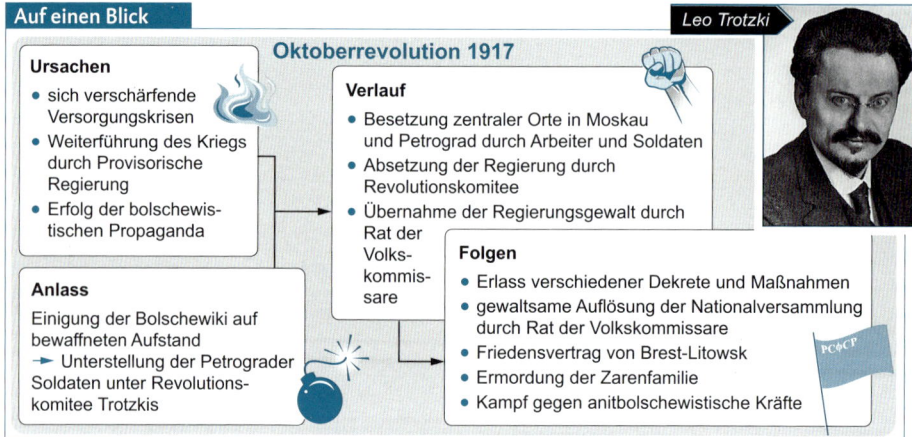

Auf einen Blick

Leo Trotzki

Oktoberrevolution 1917

Ursachen

- sich verschärfende Versorgungskrisen
- Weiterführung des Kriegs durch Provisorische Regierung
- Erfolg der bolschewistischen Propaganda

Anlass

Einigung der Bolschewiki auf bewaffneten Aufstand
➡ Unterstellung der Petrograder Soldaten unter Revolutionskomitee Trotzkis

Verlauf

- Besetzung zentraler Orte in Moskau und Petrograd durch Arbeiter und Soldaten
- Absetzung der Regierung durch Revolutionskomitee
- Übernahme der Regierungsgewalt durch Rat der Volkskommissare

Folgen

- Erlass verschiedener Dekrete und Maßnahmen
- gewaltsame Auflösung der Nationalversammlung durch Rat der Volkskommissare
- Friedensvertrag von Brest-Litowsk
- Ermordung der Zarenfamilie
- Kampf gegen anitbolschewistische Kräfte

Vorgeschichte

- Sommer 1917: sich weiterhin **verschärfende Versorgungskrisen** → Hungerunruhen, gewaltsame Übernahmen von Fabriken durch Streikende, auf dem Land „Bauernkrieg" um gutsherrliches Land
- September 1917: große **Stimmengewinne für Bolschewiki bei Wahlen** → **Forderung** des aus dem Exil zurückgekehrten Lenin, **mithilfe eines Staatsstreichs die Macht zu ergreifen** → heftige Debatten, bis Mehrheit der Bolschewiki bewaffnetem Aufstand zustimmt
- **Vorbereitung des Putsches** durch von Trotzki geleitetes Militärisches Revolutionskomitee des Petrograder Sowjets → **20. Oktober 1917: Unterstellung der Petrograder Soldaten unter** Verfügungsgewalt des **Revolutionskomitees**
- Verstärkung der **Isolation der Provisorischen Regierung durch bolschewistische Propaganda:** Behauptung der Bolschewiki, nur sie könnten Forderungen des Volks nach Frieden, Brot und Boden erfüllen

Verlauf

- 24./25. Oktober 1923: **Besetzung wichtiger Orte in Moskau und Petrograd durch Arbeiter und Soldaten** unter bolschewistischer Führung (Trotzkis Rote Garden)
- **Verhängung des Ausnahmezustands** durch Regierung Kerenski, ABER: dennoch Fortsetzung des Staatsstreichs
- 25./26. Oktober 1917: **Stürmung des Regierungssitzes im Winterpalast und Absetzung der Regierung** durch Revolutionskomitee sowie vorläufige Verhaftung der Mitglieder der Regierung (später Wiederfreilassung gegen Verzicht auf politische Betätigung)
- **in Moskau** weniger friedlicher Verlauf des Umsturzes: Durchsetzung der Bolschewiki erst nach einer Woche **blutiger Kämpfe**
- Austritt von Menschewiki und rechten Sozialrevolutionären aus Allrussischem Rätekongress → Bolschewiki und linke Sozialrevolutionäre als neue Mehrheit → **Übernahme der Regierungsgewalt durch Rat der Volkskommissare** unter der Führung Lenins

Folgen

- 26. Oktober 1917: **Zusammentreten der ersten Sowjetregierung** und Verkündung von zwei Dekreten
  - **„Dekret über den Frieden"**: Forderung von Friedensschluss an alle Krieg führenden Länder
  - **„Dekret über Grund und Boden"**: entschädigungslose Enteignung von Grundbesitz
- Erlass weiterer **Dekrete und Maßnahmen** durch die Sowjetregierung:
  - **„Dekret der Rechte der Völker Russlands"**: Betonung des Rechts auf nationale Selbstbestimmung, ABER: Ausbleiben des erwarteten Anschlusses der befreiten Völker an Revolution
  - **„Einführung der Arbeiterkontrolle"**: Sicherung des Mitspracherechts der Belegschaft bei innerbetrieblichen Entscheidungen
  - **Verstaatlichung** von Banken, Handel und Industrie
  - **Trennung von Staat und Kirche**
  - **Gleichberechtigung der Frau** und Einführung von Gemeinschaftsschulen
  - Wahl von Laien zu Richtern und Staatsanwälten sowie Einrichtung von **„Revolutionstribunalen"** (später zum Teil wieder zurückgenommen)
  - Plan, stehendes Heer durch **Milizen und Volksbewaffnung** zu ersetzen (später aber wieder zurückgenommen)
- November 1917: **Wahl einer verfassunggebenden Nationalversammlung** (Konstituante) noch auf Veranlassung der Provisorischen Regierung mit klarer **Mehrheit für rechte Sozialrevolutionäre**, die sich weigern, Sowjetmacht anzuerkennen
- Dezember 1917: Gründung der **Geheimpolizei Tscheka** (1922 GPU, ab 1934 NKWD) als Organ des „Roten Terrors" sowie **Aushandlung eines Waffenstillstands** zwischen Russland und den Mittelmächten → **Hoffnung auf Weltrevolution**, die aber ausbleibt
- Januar 1918: erstes Zusammentreten der Nationalversammlung → Ablehnung des Antrags der Bolschewiki, alle Staatsgewalt den Räten zu übertragen → gewaltsame **Auflösung der Konstituante durch Rat der Volkskommissare** und rasche Niederschlagung der folgenden Proteste
- „Deklaration der Rechte des werktätigen und ausgebeuteten Volkes" als Dokument zur offiziellen **Herstellung einer „Diktatur des Proletariats": Vorstellung von einem Rätesystem**, in dem der Rat der Volkskommissare den lokalen Ebenen gegenüber verantwortlich sein soll
- Februar 1918: **Gründung der Roten Armee** unter Führung von Trotzki → Übernahme von gut ausgebildeten zaristischen Offizieren, aber Kontrolle durch bolschewistische Politkommissare
- März 1918: Unterzeichnung des **Friedensvertrags von Brest-Litowsk** zwischen Russland und dem Deutschen Reich → Russland verliert Finnland, Baltikum, Ukraine, Polen und Südkaukasus → Abwendung der linken Sozialrevolutionäre von den Bolschewiki wegen harter Bestimmungen
- März 1918: Umbenennung der Bolschewiki in **Kommunistische Partei** (KP)
- 10. Juli 1918: Inkrafttreten der Verfassung der **Russischen Sozialistischen Föderativen Sowjetrepublik** (RSFSR) → Sowjets als formal wichtigste Organe, ABER: Führungsgremien der KP als eigentliche Entscheidungsträger = **„Demokratischer Zentralismus" (De-facto-Diktatur)**
- Ausgrenzung, Enteignung und Liquidierung von Repräsentanten der alten Ordnung, z. B. **Erschießung von Zar Nikolaus II. und seiner gesamten Familie** durch Soldaten im Auftrag der Bolschewiki (17. Juli 1918)
- **Formierung gegenrevolutionärer, antibolschewistischer Kräfte** („Weiße") → Bürgerkrieg

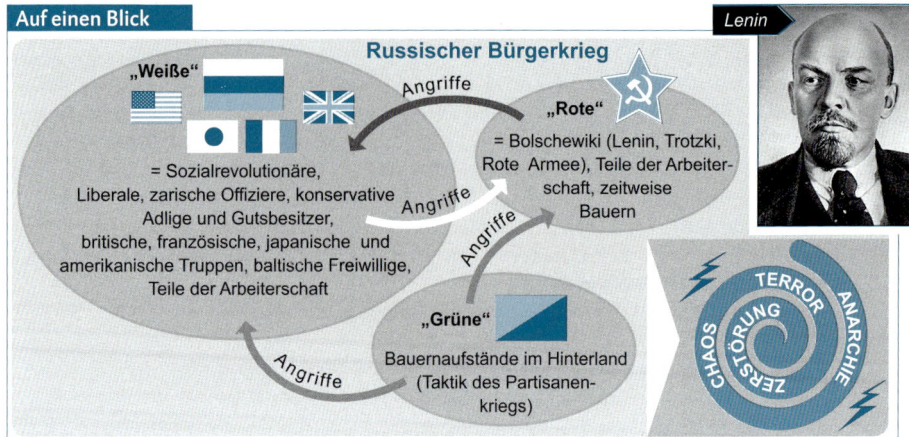

Auf einen Blick

Lenin

Russischer Bürgerkrieg

„Weiße"

Angriffe

„Rote"
= Bolschewiki (Lenin, Trotzki,
Rote Armee), Teile der Arbeiter-
schaft, zeitweise
Bauern

= Sozialrevolutionäre,
Liberale, zarische Offiziere, konservative
Adlige und Gutsbesitzer,
britische, französische, japanische und
amerikanische Truppen, baltische Freiwillige,
Teile der Arbeiterschaft

Angriffe

Angriffe

„Grüne"

Bauernaufstände im Hinterland
(Taktik des Partisanen-
kriegs)

Angriffe

TERROR ANARCHIE CHAOS ZERSTÖRUNG

Ausgangslage

- **Ziele der Bolschewiki** nach erfolgreicher Oktoberrevolution: Kampf gegen Konterrevolution und **Sichern des eigenen politischen Überlebens**
- **Gegner der Revolution („Weiße"):** gemäßigte Linke (z. B. Menschewiki), Liberale, Monarchisten, auswärtige Mächte Österreich-Ungarn, Deutschland und Türkei sowie nach Ausscheiden der Mittelmächte Großbritannien, Frankreich, Japan und USA
- **Konfliktlinien im Bürgerkrieg:**
  - **Unabhängigkeitsbestrebungen:** Abspaltung von Finnland und Polen; Versuch anderer Nationalitäten, größere Unabhängigkeit vom Zentrum zu erreichen
  - Auseinandersetzung um **innere Gestaltung Russlands**
  - weiterhin **unbefriedigter Landhunger der ärmeren bäuerlichen Schichten** → massive Gewaltausbrüche bäuerlicher Gruppen („Grüne") gegen „Weiße" und „Rote"
  → keine einheitlich verlaufende Frontlinie, sondern **Chaos, Anarchie und Regellosigkeit**
- terroristische **Anschläge der Konterrevolutionäre gegen Bolschewiki**, z. B. sozialrevolutionäres Attentat auf Lenin, das dieser schwer verletzt überlebt → **brutaler Gegenterror der Bolschewiki** mithilfe polizeilicher Überwachung durch Tscheka

Verlauf

- **Beginn** des Bürgerkriegs in der Geschichtswissenschaft **umstritten:** entweder bereits nach Oktoberrevolution 1917 oder im Frühjahr/Sommer 1918
- zeitweise Erfolge der „Weißen" beim **Zurückdrängen des bolschewistischen Einflusses**
- ab Ende 1918: **Gegenoffensiven der „Roten"** und Vorstöße bis ins Baltikum
- November 1919: **Eroberung des Sitzes der weißen Regierung** in Omsk
- bis Ende 1920: **Rückeroberung aller von den „Weißen" beherrschten Gebiete** durch die Rote Armee und Eingliederung nicht russischer Gebiete Osteuropas wie Weißrussland, die Ukraine und Sibirien in RSFSR = **Gründung der UdSSR** und Sieg der Bolschewiki
- **Gründe für Sieg der Bolschewiki:**
  - straffe **Führung der Roten Armee** durch Trotzki

- **Kontrolle des Zentrums des Landes durch Bolschewiki** und damit Verfügungsgewalt über mehr Ressourcen
- **radikale Unterdrückung jeglicher Opposition** durch Tscheka
- politisch **heterogene Zusammensetzung** und unterschiedliche Zielvorstellungen **der „Weißen"** → mangelhafte Koordination des militärischen Vorgehens der weißen Armeen
- **mangelnde Unterstützung der „Weißen" in der Bevölkerung** wegen reaktionärer Maßnahmen

Begleiterscheinungen

- **wirtschaftlich-soziale Folgen:**
  - völliger **Zusammenbruch der Geldwirtschaft**
  - Zerstörung traditioneller Familien- und Sozialmilieus
  - riesige **Wanderungsbewegungen** von der Stadt aufs Land
  - **Hungersnöte**, Plünderungen und Tod von mehreren Millionen Menschen, meist Zivilisten
- **politische Folgen:**
  - teilweise **Fehlen von Räten auf lokaler Ebene**, z. B. auf dem Land
  - Schaffung „außerordentlicher Organe" während des Bürgerkriegs und Bündelung von Zuständigkeiten in einer Person oder einem Gremium → Bürokratisierung und Zentralisierung mit **Führungsanspruch der Parteielite**
  - Entstehung einer **streng hierarchisch von oben nach unten gegliederten Organisation der Kommunistischen Partei** mit Zentralkomitee an der Spitze, in dem alle Entscheidungen getroffen werden
  - gewaltsame **Unterdrückung aller politischen Gegner**
  - → **Alleinherrschaft der Kommunistischen Partei**

Kriegskommunismus

- **Ausgangslage:** weitgehender **Zusammenbruch der Wirtschaft und der Nahrungsmittelversorgung** durch Ersten Weltkrieg und Bürgerkrieg, zudem Missernten von 1920
- Ergreifen drastischer Maßnahmen durch die neue Regierung und **Etablierung einer Art „Versorgungsdiktatur" = Kriegskommunismus**, um alle verfügbaren Ressourcen für Kampf der Roten Armee zu mobilisieren:
  - **Requirierung landwirtschaftlicher Überschüsse** sowie Zwang der Bauern, ihre Erträge zu Niedrigpreisen an den Staat zu verkaufen
  - **Rationalisierung der Lebensmittel** und Bekämpfung des Schwarzhandels
  - Einführung der allgemeinen **Arbeitspflicht** und zunehmende Bürokratisierung
  - **Verstaatlichung der Industrie:** Entmachtung der Arbeitersowjets in den Betrieben → Kontrolle und Leitung der Unternehmen durch staatliche Direktoren
  - → Unzufriedenheit und Enttäuschung über **faktische Diktatur der neuen Regierung**
  - → totaler **Zusammenbruch der Wirtschaft** → Bauernaufstände, **Streiks und Demonstrationen** → **Terror der Sowjetregierung**
- März 1921: **Matrosenaufstand in Kronstadt**, bei dem Matrosen der Regierung vorwerfen, nicht im Interesse der Arbeiterschaft zu handeln, sondern nur an ihre eigene Machterhaltung zu denken → Forderung **„Alle Macht den Räten – Keine Macht der Partei"**
- zwar **Niederschlagung des Aufstands** durch die Rote Armee, dennoch **Notwendigkeit eines politischen Kurswechsels**, v. a. wegen großer Hungersnot mit Millionen von Toten

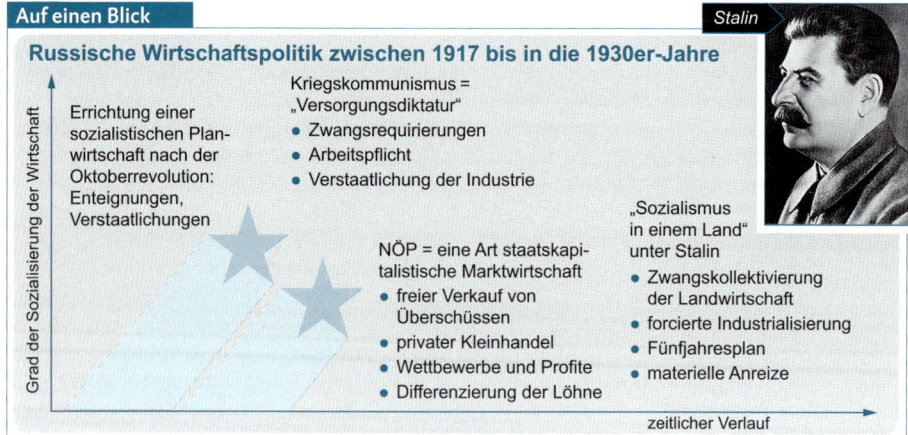

Auf einen Blick

Stalin

Russische Wirtschaftspolitik zwischen 1917 bis in die 1930er-Jahre

Grad der Sozialisierung der Wirtschaft →

Errichtung einer sozialistischen Planwirtschaft nach der Oktoberrevolution: Enteignungen, Verstaatlichungen

Kriegskommunismus = „Versorgungsdiktatur"
- Zwangsrequirierungen
- Arbeitspflicht
- Verstaatlichung der Industrie

NÖP = eine Art staatskapitalistische Marktwirtschaft
- freier Verkauf von Überschüssen
- privater Kleinhandel
- Wettbewerbe und Profite
- Differenzierung der Löhne

„Sozialismus in einem Land" unter Stalin
- Zwangskollektivierung der Landwirtschaft
- forcierte Industrialisierung
- Fünfjahresplan
- materielle Anreize

zeitlicher Verlauf →

Neue Ökonomische Politik (NÖP, russ. NEP)

- **Ausgangslage** infolge des Bürgerkriegs und Kriegskommunismus: mangelhafte Infrastruktur, **niedriger Grad der Industrialisierung**, katastrophale **Hungersnot**, Aufruhr in Stadt und Land → Notwendigkeit, Nahrungsmittelproduktion zu steigern
- Beschluss des Parteitags zu **Neuer Ökonomischer Politik (NÖP)** = taktische und zeitlich begrenzte Rückkehr zu einer Art **staatskapitalistischer Marktwirtschaft** als Politik des sozialen Kompromisses: Bündnis zwischen besitzenden Bauern und Arbeitern → **Ziele:** Sicherung der **Versorgung und wirtschaftliche Erholung** des Landes
  - feste **Naturalsteuer für Bauern statt Zwangsablieferungen** von Nahrungsmitteln
    → überschüssige Erträge können auf freiem Markt zu freien Preisen verkauft werden
  - Wiedereinführung des **freien Binnenhandels** ↔ Außenhandelsmonopol bleibt beim Staat
  - Zulassung **kleiner und mittlerer privater Produktionsbetriebe** sowie des privaten Kleinhandels
  - **Konzessionen an ausländische, kapitalistische Unternehmer** zum Aufbau von Industrieanlagen, z. B. Traktorfabrik durch Henry Ford
  - Zulassung von **Wettbewerb** unter Produzenten und Möglichkeit, **Profite** zu erzielen
  - **Differenzierung der Arbeitslöhne** nach Leistung und Verantwortung
  - **Währungsreform** zur Stabilisierung des Geldwertes
  → spürbare **Verbesserung der wirtschaftlichen Lage**, ABER: Liberalisierung der Wirtschaft und Zugeständnisse an Kapitalismus im Widerspruch zu kommunistischen Prinzipien
  → **Nebeneinander von staatlich-sozialistischen und privat-kapitalistischen Elementen**
  → Volkswirtschaft weiterhin im **Ungleichgewicht**

Aufstieg Stalins

- zunehmend **zentralistische Strukturierung der bolschewistischen Partei** (ab 1925 Kommunistische Partei der Sowjetunion, KPdSU): Entstehung eines **Parteiapparats**, der in allen Bereichen vom Zentralkomitee und leitenden Personen (Kader) beherrscht wird

- **Verlust der Macht der Sowjets**, die zu bloßem, von Parteistellen kontrollierten Verwaltungsapparat werden
- Beschluss des **Fraktionsverbots** (1921) = **Verbot innerparteilicher Oppositionsgruppen**
  → Möglichkeit, Gegner und Konkurrenten als „Parteifeinde" auszuschalten
- 1922: **Stalin wird Generalsekretär** mit der Möglichkeit, Parteigremien zu koordinieren und zu beherrschen, sowie Zugang zu Personalakten → Vergrößerung seines Einflusses
- 1924: **Tod Lenins** → **Kampf um Nachfolge** bzw. um (wirtschafts)politische Richtung:
  - **linker Flügel unter Leo Trotzki:** Anprangerung der wachsenden Bürokratisierung der Partei und Forderung nach **rascher Industrialisierung** sowie Zurückdrängung des privatwirtschaftlichen Sektors, auch um bäuerliche Bevölkerung politisch zu unterwerfen
  - **rechter Flügel unter Nikolai Bucharin:** Furcht vor Verlust der Loyalität der Bauern → Forderung nach Unterstützung der Bauern, um dadurch Nachfrage an Industriegütern zu steigern und erst **allmählich verstaatlichte Industrie** zu realisieren
- ab 1925: wachsender **innerparteilicher Machtkampf**, den Stalin für sich nutzt → zunächst **Bündnis mit rechtem Flügel**, um sich gegen Trotzki und seine **These von der „permanenten Revolution"** durchzusetzen
- **Diffamierung Trotzkis** als ehemaligen Menschewiken und Abweichler → Trotzki muss als Kriegskommissar zurücktreten → 1927: **Ausschluss Trotzkis** aus der Partei → 1929: **Verbannung Trotzkis** nach Mexiko, wo er 1940 durch Agenten Stalins ermordet wird
- 1929: **Entmachtung der rechten Opposition** → Ermordung vieler Anhänger oder Transport in Lager → **Übrigbleiben Stalins als unangefochtener Führer der Partei** und De-facto-Diktator an der Spitze der Sowjetunion

Herrschaft Stalins

- Einsatz von **Propaganda und Terror** zur Festigung der Macht Stalins:
  - **Marxismus-Leninismus** als offizielle Staatsdoktrin (angeblich durch Lenin weiterentwickelte Lehre von Marx) mit Personenkult, Parteidiktatur, Bürokratismus und Zentralismus
  - 1930er-Jahre: **„Säuberungsaktionen" mit mehreren Schauprozessen** gegen ehemals prominente Parteimitglieder, Militärs und Millionen von Opfern aus allen Schichten, um sich potenzieller politischer Gegner zu entledigen (**„Großer Terror"** 1936–1938)
- Ziel Stalins: **Aufbau des „Sozialismus in einem Land"** (↔ Weltrevolution und Internationalismus)
  - **Ausbau des Apparats der KPdSU**
  - kompromisslose und gewaltsame **Kollektivierung der Landwirtschaft mit Enteignung** und Verfolgung der selbstständigen Bauern („Kulaken") → Chaos, Massenelend, Hungersnöte, Deportation und **Ermordung von Millionen von Menschen**
  - forcierte **Industrialisierung**, um aus Sowjetunion modernen Industriestaat zu machen: **Fünfjahresplan** zum Aufbau von Schwerindustrie und Infrastruktur unter Ausbeutung des ländlichen Raums und Einsatz von Zwangsarbeitern aus der eigenen Bevölkerung
  - vollständige **Indienstnahme von Kunst und Kultur durch die Partei**
  - **Propagierung eines neuen „Sowjetmenschen" und Schaffung materieller Anreize**, um Arbeiter zur Übererfüllung der staatlichen Produktionsvorgaben zu animieren, ABER: bei Unzulänglichkeiten oder Fehlern Diffamierung als „Volksfeinde", die bestraft oder liquidiert werden
  - Netz aus **Straf- und Arbeitslagern** (Gulags) zur „Umerziehung"
  - → ökonomische und kulturelle Spielräume der 1920er-Jahre ↔ 1930er-Jahre: **diktatorische Konzentration der politischen Macht**

Qianlong

Zentrale Figuren der Qing-Dynastie vom 18. bis zum 20. Jahrhundert

1 Qianlong
Regent 1735–1796

- Blütezeit des chinesischen Reichs
- größte territoriale Ausdehnung
- politische Stabilität

2 Daoguang
Regent 1820–1850

- Gefährdung Chinas durch britischen Opiumschmuggel
- 1839: Opiumverbot
  → Erster Opiumkrieg

1644
Herrschaftsbeginn der Qing-Dynastie

3 Xianfeng
Regent 1850–1861

- schwere Krise des Kaiserreichs
- Aufstände und Zweiter Opiumkrieg

4 Guangxu
Regent 1874–1908

- bis 1889 minderjährig
  → Tante Cixi als Regentin
- 1898: „Hundert-Tage-Reform"
  → Sturz und Internierung Guangxus durch Cixi

5 Cixi
Regentin 1861–1908

- Herrscherin für minderjährigen Sohn (†1875) und minderjährigen Neffen Guangxu (bis 1889)
  → 1898: Verbannung Guangxus und erneute Herrschaft Cixis
- Versuch eines Ausgleichs zwischen konservativen und reformerischen Kräften
  → verspätete Reformpolitik nach „Boxeraufstand"

6 Puyi
Regent 1908–1912

- Kindkaiser (Krönung mit nur zwei Jahren), vertreten durch seinen Vater
- letzter chinesischer Kaiser: 1912 erzwungene Abdankung

1912
Ende des chinesischen Kaiserreichs

Wandel Chinas im Laufe der Jahrhunderte

- Rückblick Chinas auf lange Geschichte: **frühe Hochkultur mit großer innerer Vielfalt**
  → Zusammensetzung des **chinesischen Kaiserreichs** (221 v. Chr. bis 1911) aus einer Vielzahl von Volksgruppen
- größte Ausdehnung und Blütezeit Chinas im 18. Jahrhundert unter dem Qianlong-Kaiser aus der **Qing-Dynastie** (1644–1911):
  – **Vereinheitlichung** der einzelnen Gebiete mithilfe zentralchinesischer Han-Kultur zu einem riesigen Reich inklusive **tributpflichtiger Nachbarstaaten**, z. B. Korea oder Vietnam
  – Fortschritte in Landwirtschaft und Handel → **Vorstellung von Autarkie Chinas** → Reglementierung des Handels mit ausländischen Mächten, aber dennoch Einbindung in globales Handelssystem über asiatischen Raum → chinesische Produkte gelangen nach Europa
  ABER: auch unter Qing-Kaisern zahlreiche **Kriege, Konflikte und Aufstände** im Land
- 19. Jahrhundert als „**Jahrhundert der Schande**" wegen politischer und wirtschaftlicher **Dominanz fremder Mächte** (Europa, USA, Japan), aber in Teilen der Bevölkerung auch zunehmende Begeisterung für westliche Ideen, Handlungsweisen und Erfindungen

Aspekte der chinesischen Mentalität

- seit Gründung des Kaiserreichs: **sinozentrisches Weltbild** mit China im Mittelpunkt
  – Wahrnehmung der **Europäer als fremd und** oft auch als **unterlegen** → Entlarvung des europäischen Anspruchs auf Überlegenheit als heuchlerisch
  – **imperialistische Interessen Chinas** (Vorstellung eines „Chinas ohne Grenzen"): Betrachtung der Länder an Chinas Außengrenzen als Teil des chinesischen Reichs bzw. als abhängige Vasallenstaaten → Schock Chinas über Aufstieg Japans

ABER: Sinozentrismus-Konzept in der Forschung teilweise umstritten: Vorwurf, dass man mit Behauptung von Sinozentrismus nur antichinesische Vorbehalte schüren wolle → territoriale Expansion Chinas sei nur Folge der Bedrängnis durch ausländische Mächte

- 19./20. Jahrhundert: **Wandel des chinesischen Selbstverständnisses vom Kulturalismus** (Orientierung an chinesischer Kultur) **zum Nationalismus** (Orientierung an chinesischer Nation in Abgrenzung zu anderen Nationen) in Anlehnung an Japan und europäische Mächte

Konfuzianismus als Staatsgrundlage

= philosophische, politische und religiöse Ideen, die auf den Philosophen **Konfuzius** (6./5. Jahrhundert v. Chr.) und seine Schüler zurückgehen

- **Entstehung** der Lehren des Konfuzius, **als China sich noch aus lauter Einzelstaaten zusammensetzte** → Ziele:
  - **Ordnung** herstellen
  - Wege zu **gelungenem Leben im Chaos** aufzeigen
- in der Qing-Dynastie Neuinterpretation des **Konfuzianismus als Moral- und Staatsphilosophie:** Gewährleistung von Ordnung durch Zuweisung eines Platzes in der Gesellschaft für jeden Einzelnen → Ziel: **Aufrechterhalten des Staats**
- Konfuzianismus als **Grundlage für Ausbildung der kaiserlichen Beamten** zur Sicherstellung ihrer Loyalität, ABER: starres Festhalten an konfuzianischen Traditionen als **Hemmnis, Reformen umzusetzen**
- **Unterstützung von Bildung und Forschung** durch Qing-Kaiser zur Bewahrung des Wohlstands im Reich sowie der eigenen Herrschaft → strenge Auswahl und Kontrolle des verfügbaren Wissens vor dem Hintergrund des Konfuzianismus **(Zensur)**
- mit dem Konfuzianismus **konkurrierende Philosophien bzw. Religionen:**
  - **Daoismus:** Schwerpunkt auf Privatleben des Einzelnen und Einbindung des Individuums in natürliche Einheit der Welt
  - **Buddhismus:** Weltreligion mit dem Ziel, zur geistigen Erleuchtung zu gelangen

Herrschaftsvorstellungen

- **„Reich der Mitte"** als Bezeichnung der Chinesen für ihr eigenes Land mit mehreren Bedeutungsebenen:
  - räumlich-geografische Lage des Gebiets, in dem chinesische Hochkultur (Han-Kultur) entstanden ist
  - **Vorstellung vom chinesischen Kaiserreich als dem einzig zivilisierten Reich** der Welt, das von „Barbaren" und tributpflichtigen Gebieten unter chinesischem Einfluss umgeben ist
- **Kaiser** („Sohn des Himmels") als Regent **an der Spitze** des Reichs:
  - **„Mandat des Himmels"**, das ihn zum Herrschen befähigt, ihm aber auch wieder genommen werden kann → Interpretation von Krisen oder Naturkatastrophen als Ankündigung eines baldigen Herrscherwechsels
  - **Verpflichtung zu weiser und kluger Herrschaft** sowie zur Aufrechterhaltung der politischen und moralischen Ordnung
  - **Kaiser als eine Art autoritäres Familienoberhaupt:** „Vater", der Untertanen umsorgen und erziehen soll → Gewährleistung von **Stabilität und Ordnung**
- **Verwaltung des Reichs durch Beamte** in Provinzen und Landkreisen → **strenges Auswahlverfahren** auf Grundlage des Konfuzianismus für Bewerber auf Beamtenposten

Auf einen Blick — *Daoguang*

Wandel des europäischen China-Bildes
Von der Verklärung zur Herabwürdigung

17. Jahrhundert	18. Jahrhundert	19. Jahrhundert	20. Jahrhundert
• idealisiertes China-Bild (Gelehrtenstaat) • China als Europäern mindestens ebenbürtige Zivilisation • große Nachfrage nach chinesischen Produkten	• China als rückständige Gesellschaft mit despotischem Herrscher • China als Hort der Barbarei • China als technisch unterlegen	• gelenkte Sinophobie (z.B. „Hunnenrede") • weiter sinkendes Ansehen nach „Boxeraufstand" • ungehemmtes Verfolgen eigener Wirtschaftsinteressen in China	

China-Bewunderung	Herabstufung Chinas zu Halbkolonie	Ausbeutung Chinas

Folgen der Aufklärung und der Französischen Revolution

- **Aufklärung** = europäische geistige Strömung des 17./18. Jahrhunderts mit zentralen Werten wie **Vernunft** und wissenschaftliche Überprüfbarkeit von Behauptungen → teilweise **Kritik an absolutistischem Gottesgnadentum** und Allmacht der Kirche
- **Französische Revolution als Durchbruch für aufklärerische Vorstellungen:** Menschen- und Bürgerrechte sowie Beschränkung der Macht der Herrschenden als gemeinsame europäische Werte
- Entwicklung des **Konzepts der „Nation":**
  - Konstruktion von Unterscheidungsmerkmalen (u. a. Kultur) zur Definition einer nationalen Zugehörigkeit → **Abwertung anderer Kulturkreise zur eigenen Selbstaufwertung**
  - Schaffung **negativer Fremdbilder:** Projektion eigener Ängste auf die „Anderen" → Verwendung des Begriffs „Barbar" zur Charakterisierung und Herabsetzung anderer Kulturen
  - **Verklärung:** Projektion von Wünschen, Idealen und Sehnsüchten auf andere Kulturen
- Entstehung von **Nationalstaaten**, denen Untertanen sich stärker verpflichtet fühlen als den jeweiligen Herrschern
  - **Existenz unterschiedlicher europäischer Staaten und Reiche** in politischer und wirtschaftlicher **Konkurrenz zueinander**
  - in Kombination mit **Industrialisierung** militärischer und politischer **Erfolg** der Nationalstaaten
- **Glaube der Europäer an eigene Überlegenheit:** Vorherrschen eines **eurozentrischen Weltbilds** mit Europa im Mittelpunkt
  - Wahrnehmung **außereuropäischer Staaten als fremd und** oftmals auch als **unterlegen**
  - **Sendungsbewusstsein:** Anspruch, andere Kontinente zu beherrschen und zu „zivilisieren"
  - **kriegerische Auseinandersetzungen** mit außereuropäischen Völkern

- Ende des 18. Jahrhunderts: allmählicher **Zerfall der alten Kolonialreiche** auf amerikanischem Kontinent → Entstehung des **neuen Kolonialismus** mit Hinwendung der Europäer nach Afrika und Asien

Folgen der Industrialisierung

- **gesellschaftliche Folgen:**
  – veränderte Arbeits- und Alltagswelt
  – Urbanisierung, Mobilität und Beschleunigung → Entstehung einer **individualistischen Massengesellschaft**
  – prekäre Lage der Arbeiterschaft mit gravierenden sozialen Problemen (**Soziale Frage**) → Ablenken von inneren Spannungen durch **imperialistisches Engagement des Staats**
- **wirtschaftliche Folgen:**
  – Durchsetzung des Systems des **Kapitalismus:** freier Markt, auf dem Angebot und Nachfrage Preise und Produktion bestimmen
  – **Entstehung einer Klassengesellschaft: Unternehmer**, die über Kapital (Maschinen, Arbeitskräfte und Geld) verfügen ↔ **Arbeiter** als abhängige Lohnarbeiter ohne eigenes Kapital → Lösung nach Karl Marx und Friedrich Engels: **Sozialismus** mit Aufhebung von Privateigentum und „Diktatur des Proletariats" zur Herstellung von Gleichheit und Gerechtigkeit
  – **Konkurrenz auf Binnenmarkt und europäischem Markt** → **Versuch** aller Kolonialmächte, **weltweite Märkte zu erschließen** und zu dominieren
- **politische Folgen:**
  – **Streben** der wirtschaftlich erfolgreichen Unternehmer **nach politischer Beteiligung** → **Forderungen nach Kolonien**, Flottenbau und Teilnahme am Welthandel
  – Erweiterung der Parteienlandschaft um **sozialistische bzw. sozialdemokratische Parteien** → Forderungen nach Arbeitsschutzmaßnahmen, höheren Löhnen, Wohnraum und Bildung → erste Ansätze einer modernen **Sozialpolitik**

Wandel des europäischen China-Bildes

- **17./18. Jahrhundert:**
  – Verbreitung eines **idealisierten China-Bildes** von einem seit Jahrtausenden stabilen **Gelehrtenstaat** mit weltlicher Ethik („Philosophenkaiser") → **China-Bewunderung**
  – Blick auf China als eine den Europäern mindestens **ebenbürtige Zivilisation**
  – **Begeisterung für chinesisches Porzellan und chinesische Stoffe** → Fertigungen in China speziell für europäischen Markt
- **18./19. Jahrhundert:**
  – China verliert seine Rolle als Vorbild und gilt jetzt als stagnierende, **rückständige Gesellschaft mit despotischem Herrscher**, die in uralten Traditionen steckengeblieben ist → China als **technisch und zivilisatorisch unterlegenes Reich** → Herabstufung zu **Halbkolonie**
  – China als **Hort der Barbarei und Unkultur**, aber auch als wichtiger Markt für den Welthandel
- **frühes 20. Jahrhundert:**
  – während des „Boxeraufstands" Steigerung von **gelenkter Sinophobie** (= Angst vor und Abneigung gegenüber China) **in Deutschland** (z. B.: „Hunnenrede" Wilhelms II.)
  – weiter **sinkendes Ansehen Chinas** nach Niederlage im „Boxeraufstand"
  – China als **Möglichkeit** für imperialistische Mächte, **ungehemmt eigene Wirtschaftsinteressen zu verfolgen** (Open Door Policy)

Auf einen Blick   *Xianfeng*

Chinesische Reformversuche und ihre Auslöser

Erster Opiumkrieg
(1839–1842)
Zweiter Opiumkrieg
(1856–1860)

Japanisch-
Chinesischer
Krieg
(1894/95)

gescheiterter
„Boxeraufstand"
(1900/01)

- zunächst keine Neuorientierung nach verlorenem Ersten Opiumkrieg
- nach Zweitem Opiumkrieg: Selbststärkungsbewegung

- Niederlage enormer Schock für China
- „Hundert-Tage-Reform"

- Erkenntnis von Chinas Rückständigkeit
- „Neue Politik" zur Modernisierung des Staats

ABER insgesamt kein durchschlagender Erfolg der Reformen, stattdessen zunehmend stärkerer Einfluss der imperialistischen Mächte

Anfänge des internationalen Handels der Neuzeit in China

- 16./17. Jahrhundert: erste Seefahrten aus Europa nach Asien wegen chinesischer Produkte wie Tee, Seide und Porzellan → reger **Handel zwischen europäischen Ländern und China**
- bis Mitte des 18. Jahrhunderts: **Aufstieg Großbritanniens zur führenden europäischen Handelsmacht** durch Kontrolle Indiens und Britische Ostindien-Kompagnie mit Stützpunkten in afrikanischen und asiatischen Hafenstädten
- Sorge des Qianlong-Kaisers vor zu großer Einflussnahme der Europäer → **Begrenzung der Handelsmöglichkeiten durch China** (Kanton-System: Beschränkung auf Guangzhou als einzigen Handelshafen, Erhebung hoher Zölle) → Phase des Wohlstands für China
- **chinesischer Tee als begehrtestes Produkt** in Großbritannien: zunächst Bezahlung mit indischer Baumwolle, später mit Silber, da China kein Interesse an britischen Gütern hat → **Verschlechterung der Handelsbedingungen für Großbritannien**
- 1792/93: diplomatische Mission Großbritanniens unter Lord Macartney **(Macartney-Mission)** zur Vereinbarung besserer Handelsbedingungen → **Forderungen:**
  – Errichtung einer **diplomatischen Vertretung** in Peking
  – **Öffnung weiterer Häfen** für britischen Handel
  – als Ausgleich **Angebot britischer Produkte** wie Teleskope, Uhren oder Glas- und Silberwaren, an denen in China aber kein Interesse besteht
  ABER: **Zurückweisung der britischen Vorschläge** als Affront von „Barbaren" durch chinesischen Kaiser
  → Macartney-Mission als Auftakt zu **Phase der Konfrontation zwischen China und imperialistischen Mächten**

Erster Opiumkrieg 1839–1842

- = erster Krieg zwischen China und einer europäischen Macht
- nach **gescheiterter Macartney-Mission** Fortführung des Handels zwischen Großbritannien und China zu vorherigen Bedingungen

- **steigender Bedarf an chinesischen Produkten** in Großbritannien → Aufwendung von immer mehr Silber zur Bezahlung trotz **Silberknappheit** in Europa → Ausweg: **Handel mit Opium**, das in Indien angebaut wird und in China als Arznei und Rauschmittel beliebt ist
- **Umgehung des herrschenden Opiumverbots** durch britische und chinesische Schmuggler
- Intensivierung der Opiumproduktion durch Großbritannien → **enormer Anstieg des Opiumschmuggels und der Drogenabhängigen** in China → lukratives Geschäft für Großbritannien ↔ Opium als politisches, wirtschaftliches und gesellschaftliches Problem für China
- 1838/39: **erneutes Opiumverbot** durch Daoguang-Kaiser begleitet von **strengen Strafmaßnahmen** (Beschlagnahmungen, Geldstrafen, Internierungen) → **Empörung Großbritanniens** und Demonstration „nationaler Stärke" durch **Entsendung von Kriegsschiffen** nach China
- 1840: Ankunft einer kleinen britischen Schlachtflotte in Guangzhou und Kämpfe gegen schlecht organisierte Truppen der Qing-Dynastie → **Überlegenheit der britischen Waffentechnik und Einnahme strategischer Hafenorte** an der Süd- und Ostküste Chinas
- August 1842: Vorbereitung eines Angriffs auf die Stadt Nanjing durch Großbritannien → **Kapitulation Chinas**

„Ungleiche Verträge" und Missionierung

- Beendigung des Ersten Opiumkriegs mit **Vertrag von Nanjing**, in dem Großbritannien Bedingungen diktiert („ungleicher Vertrag"):
  - Erweiterung der Handelsmöglichkeiten für Großbritannien in China durch **Öffnung von vier weiteren Häfen** neben Guangzhou
  - Abtretung der Insel **Hongkong als Kolonie an Großbritannien**
  - Verpflichtung Chinas zu **Reparationszahlungen**
  - **diplomatische Vertretungen** Großbritanniens in China und Zulassung **christlicher Missionare** → größerer politischer und kultureller Einfluss auf China
- → **Souveränitätsverlust Chinas** in vielen Bereichen und Scheitern der Handelspolitik der Qing-Dynastie, dennoch **keine wirkliche Neuausrichtung** der Innen- und Außenpolitik, sondern nur **langsamer Beginn von Wandlungsprozessen**
- im Verlauf des 19. Jahrhunderts **Abschluss weiterer „ungleicher Verträge" zwischen China und imperialistischen Mächten** über Freihandel, Gebietsabtretungen, Vertragshäfen und Errichtung von Pachtgebieten und Kolonien
- **China als Halbkolonie** mit formeller politischer Souveränität, aber wesentliche Steuerung von Wirtschaft und Politik durch imperialistische Staaten:
  - von Interessen der Großmächte bestimmter **Freihandel mit ganz China**
  - **Bautätigkeit der imperialistischen Mächte auf chinesischem Gebiet:** Industrieunternehmen in Vertragshäfen, Ausbau von Verkehrswegen (v. a. Eisenbahnbau)
  - **Abbau von Bodenschätzen** durch ausländische Mächte und teilweise Übernahme des Dienstleistungssektors durch ausländische Unternehmen
  - **Zerstörung alter Handwerks- und Gewerbestrukturen** sowie Untergrabung der Legitimation und Autorität der kaiserlichen Regierung im Inneren → politische Instabilität
  - Stützung der chinesischen Zentralregierung von außen, um Dominanz einer einzelnen imperialistischen Macht zu verhindern → **Bestehenbleiben Chinas als Einheitsstaat und Verhinderung direkter Kontrolle aufgrund von Konkurrenz der imperialistischen Mächte**
- **Missionierung als Teil des Kolonialisierungsprozesses:** Rechtfertigung mit „Zivilisierung" der chinesischen Bevölkerung durch Christentum, aber **Ausbau des europäischen Einflusses** als eigentliches Ziel

Auf einen Blick

Aufstände gegen die Qing-Dynastie

Guangxu

Taiping-Aufstand (1851–1864)

Nian-Aufstand (1853–1868)

muslimische Erhebungen in der zweiten Hälfte des 19. Jahrhunderts

- Träger: überwiegend von der Zentralregierung benachteiligte ethnische Minderheiten
- Charakter: Bürgerkrieg mit über 20 Millionen Todesopfern
- Ende: Niederschlagung durch Qing-Truppen, lokale Kriegsherren und imperialistische Mächte

- Träger: überwiegend arme Bauern, aber auch Schmuggler und Deserteure
- Charakter: Guerilla-Krieg zur Störung der Nachschublinien der Qing-Truppen im Kampf gegen Taiping
- Ende: nach Zermürbungskrieg Vernichtung der Nian-Rebellen

- Träger: muslimische Einwohner chinesischer Provinzen
- Charakter: Rivalitäten zwischen chinesischen Einwanderern und einheimischen Muslimen in bestimmten Provinzen
- Ende: meist brutale Niederschlagung durch lokale Qing-Generäle

Druck auf die Qing-Dynastie im 19. Jahrhundert

- **Druck von außen** auf die Qing-Regierung:
  - Versuch der europäischen Mächte, nach Erstem Opiumkrieg weitere kriegerische Auseinandersetzung herbeizuführen, um Einfluss auf China auszuweiten → **Zweiter Opiumkrieg** (1856–1860) von Großbritannien und Frankreich gegen China → Sieg der Europäer
  - **Pekinger Konvention 1860:** weitere **Vertragshäfen** für imperialistische Mächte, **niedrige Zölle**, diplomatische Vertretungen, **eigene Rechtsprechung für Europäer** in China sowie Missions- und Bewegungsfreiheit im ganzen Land
  - 1884/85: kurzer **Krieg zwischen China und Frankreich um Einfluss in Vietnam → Sieg Frankreichs:** Vorherrschaft über Vietnam und weitere Ausdehnung des französischen Kolonialreichs in Südostasien
  - zunehmende **Konkurrenz der ausländischen Mächte um Macht- und Marktanteile in China** → auf Wunsch der USA Einigung auf **Open Door Policy** = freier Handel in China zu gleichen Bedingungen für alle imperialistischen Mächte (Prinzip der Meistbegünstigung) → **wachsender Einfluss der imperialistischen Mächte** auf China
- **Druck von innen** auf die Qing-Regierung:
  - **Bevölkerungswachstum**, Raubbau an der Natur zur Ausweitung der landwirtschaftlichen Nutzungsflächen, **Naturkatastrophen und ineffiziente Verwaltung** durch Vergabe von Beamtenposten gegen Geld → Armut, **Hungersnöte und Unzufriedenheit**
  - Wirtschaftsaktivitäten der ausländischen Mächte in Vertragshäfen → **Verdrängung** des Handwerks und **der traditionellen chinesischen Produktionsstrukturen**
  - **Aufstände und Kriege im Inneren**, z. B. **Taiping-Aufstand** (1851–1864): Bürgerkrieg mit über 20 Millionen Todesopfern → **Niederschlagung des Aufstands** durch Qing-Truppen, lokale Kriegsherren und imperialistische Mächte, die schwachen Kaiser behalten wollen
  - trotz Zensurmaßnahmen des Herrschers **Verbreitung westlichen (und japanischen) Wissens** in China → **Forderungen nach Reformen**

Reformversuche

Selbstständigkeitsbewegung ab ca. 1860

= **Modernisierungsprogramm nach westlichem Vorbild** zur Herrschaftssicherung der Dynastie, Stärkung des Landes gegenüber Einflussnahme von außen und Erhaltung chinesischer Traditionen (maßgeblich vorangetrieben von Prinz Gong = jüngerer Bruder des Xianfeng-Kaisers)
- **Maßnahmen** der Selbstständigkeitsbewegung:
  - **Ausstattung des chinesischen Militärs mit modernen Waffen** → Förderung der (Schwer-)Industrie und Ausbildung der Soldaten nach europäischem Vorbild
  - Einführung von Sprachschulen und Übersetzung von Büchern ins Chinesische, um **technisches Know-how des Auslands** zugänglich zu machen
  - Schaffung einer **eigenen Handelsflotte**
  - **Einrichtung eines Außenamts** und Entdeckung der (westlichen) Diplomatie als Mittel, eigene Interessen durchzusetzen
- **Modernisierungserfolge:**
  - Ausbau des Kontaktes zu imperialistischen Mächten zum chinesischen Nutzen
  - Produktion moderner Waffen und Schiffe
- ABER: insgesamt nur **geringer Erfolg** der Maßnahmen → Gründe:
  - enorme Ausmaße des Landes → **langsame oder nur lokal begrenzte Umsetzung** bestimmter Maßnahmen (z. B. Eisenbahnbau), geringe Effektivität durch dezentrale Steuerung
  - **fehlendes Kapital** durch zahlreiche Reparationsverpflichtungen der Qing-Regierung
  - **ineffiziente Verwaltung** und Korruption
  - dynastisch-machtpolitische **Probleme der Qing-Dynastie:** Tod des Xianfeng-Kaisers mit erst sechsjährigem Sohn als Nachfolger → Machtübernahme durch **Kaiserinwitwe Cixi:** zunächst Unterstützung der Selbstständigkeitsbewegung, später aber Hinwendung zum Konservatismus
  - **wachsender Einfluss der Provinzgouverneure und Schwächung der Zentralmacht** der Qing → konservative und repressive Maßnahmen der Qing-Herrscher, um eigene Machtposition zu erhalten → **Schwächung der Selbstständigkeitsbewegung**

„Hundert-Tage-Reform" 1898

- 1894/95: verheerende und **traumatische Niederlage Chinas im Japanisch-Chinesischen Krieg** → Schwächung der Autorität der chinesischen Regierung → modernisiertes und industrialisiertes Japan als Vorbild für **chinesische Reformansätze**
- **Reformvorhaben** des jungen Guangxu-Kaisers und seiner Berater (u. a. des Gelehrten Kang Youwei) nach dem Vorbild der Meiji-Restauration in Japan:
  - **Entbürokratisierung** der Verwaltung und **Abschaffung von Beamtenprivilegien**
  - **Modernisierung** der Beamtenprüfung und **der militärischen Ausbildung**
  - Stärkung des **Petitionsrechts:** Erlaubnis für alle Bürger, sich mit Eingaben an Kaiser zu wenden
  - Ausbau und **Verbesserung des Bildungswesens**
  - Förderung von **wirtschaftlichen Aktivitäten**
- Maßnahmen hätten Macht und Privilegien der konservativen Bürokraten beschnitten → **Verordnungen 100 Tage in Amtsstuben der Verwaltungsbeamten**, ohne dass diese sie umsetzen („Hundert-Tage-Reform")
- Kaiserinwitwe Cixi stellt sich auf Seite der Beamten und lässt Guangxu-Kaiser verhaften und unter Hausarrest stellen sowie führende Reformer hinrichten → weitgehende **Zurücknahme bzw. Verhinderung der Reformen**, aber Weiterwirken der Ideen ins 20. Jahrhundert

Auf einen Blick

Cixi

Japan und China im 18./19. Jahrhundert im Vergleich

GEMEINSAMKEITEN

• zunächst bewusste Abgrenzung vom Westen
• Zwang zur Öffnung des Landes für imperialistische Mächte
• Abschluss „ungleicher Verträge" mit imperialistischen Mächten
• ab Mitte des 19. Jahrhunderts Reformphasen, um Unterlegenheit auszugleichen

◀ UNTERSCHIEDE ▶

CHINA

• multiethnisches Vielvölkerreich
• Fokussierung auf chinesische Kultur (z. B. Konfuzianismus)
• zunehmende Dezentralisierung durch Machtzuwachs der Provinzgouverneure
• nur langsame und teilweise inkonsequente Umsetzung von Reformmaßnahmen
• immer weiterer Niedergang der Qing-Dynastie

JAPAN

• relativ hohe Homogenität der Bevölkerung
• Übernahme des westlichen Konzepts der Nation und Propagierung einer einheitlichen japanischen Nation
• Zentralisierung mit Machtkonzentration beim Kaiser
• rasche und tiefgreifende Reformierung
• Aufstieg zu einer militärischen Großmacht

Ausgangslage in Japan

• 17. Jahrhundert: **Selbsteinschränkung der Kontakte Japans zum westlichen Ausland** per Gesetz → funktionierender Binnenmarkt und Wachstum der Städte
• 1853/54: amerikanische Flotte unter Commodore Perry erzwingt **Öffnung von Vertragshäfen** und Aufnahme des Handelsverkehrs → **Abschluss „ungleicher Verträge"** mit westlichen Kolonialmächten → **Beschluss Japans zu Reformen**, um Unterlegenheit zu beseitigen
• 1868: Entmachtung der Adligen (Shogune) und Wiederherstellung der politischen Macht des Kaisers (Tenno) → **Meiji-Restauration** mit folgenden Zielen:
  – **innenpolitische Konsolidierung** des neuen Einheitsstaats
  – Zurückerlangung der vollen **außenpolitischen Souveränität**
  – **Anerkennung Japans vom Westen** als moderner Verfassungsstaat → Revision der „ungleichen Verträge"
  – **Hegemonialstellung** Japans im asiatischen Raum

Aufstieg Japans zur Großmacht

• ab 1868: **Reformierung Japans nach westlichem Vorbild**, um Kolonialisierung durch den Westen zu verhindern
  – Beseitigung der Vorrechte des Adels und Schaffung einer **effektiven Verwaltung**
  – **Modernisierung des Militärwesens**, um mit europäischen Großmächten auf Augenhöhe zu agieren
  – **Betonung der vermeintlichen Einheitlichkeit der japanischen Nation** mit Tenno als nationaler Integrationsfigur und Propagierung eines großjapanischen Reichs mit Führungsrolle in der Region
  – **Stärkung der Zentralgewalt**, die Modernisierung vorantreibt

- Einführung von Geldsteuern anstelle von Naturalabgaben und Entwicklung eines **modernen Bankwesens**
- **Bauernbefreiung**, Gewerbefreiheit und Einführung der allgemeinen **Schulpflicht**
- Aufbau der Schwerindustrie sowie Modernisierung des Verkehrs-, Transport- und Nachrichtenwesens → **Förderung des Eisenbahnbaus und des Exports**
- Entsendung von jungen patriotischen Japanern zum Studium in den Westen, um **technisches Know-how nach Japan zu bringen**
- Verkündung einer **Verfassung** (1889) und erste **Parlamentswahlen** (1890) → Vorgehen gegen Widerstand aus reaktionären Kreisen
- → **Japan als einziges nicht westliches Land mit „Industrieller Revolution"** Ende des 19. und Anfang des 20. Jahrhunderts
- 1876: **Abschluss eines Handelsvertrags mit Korea** im chinesischen Einflussgebiet → Abhängigkeit Koreas von Japan
- 1894: Niederschlagung einer Rebellion am koreanischen Hof durch japanische Truppen → Einsetzung eines neuen Herrschers in Korea, der China den Krieg erklärt → **Kriegserklärung Japans an China**
- **Sieg Japans** mithilfe moderner und disziplinierter Armee **im Japanisch-Chinesischen Krieg** 1895 = **Schock für China** → China muss Taiwan abtreten und Kriegsentschädigungen zahlen → Sicherung der militärischen Überlegenheit Japans und Stabilisierung der Kaiserherrschaft
- **Sieg Japans im Russisch-Japanischen Krieg** 1904/05 um Einflusssphären in Korea → Schutzherrschaft Japans über Korea und Besetzung der Mandschurei → internationale **Anerkennung Japans als Großmacht**

Vergleich mit China

- **ähnliche Ausgangslage wie in China:** Abgrenzung vom Westen, innere Wirren und äußere Bedrohungen im 19. Jahrhundert → **Zwang zur Öffnung des Landes** durch imperialistische Mächte („„ungleiche Verträge")
- in beiden Ländern **Reformphasen** ab Mitte des 19. Jahrhunderts, **um Unterlegenheit** gegenüber imperialistischen Mächten **auszugleichen**
- → Japan: rasche und konsequente Verwandlung von einem Agrarland in industrialisierte Gesellschaft → **Aufstieg Japans zu einer militärischen Großmacht** ↔ China: nur teilweise erfolgreiche Reformversuche → immer weiterer **Niedergang der Qing-Dynastie**
- **Gründe für geringeren Erfolg** der Reformmaßnahmen **in China:**
  - Menschenopfer in Millionenhöhe und enorme materielle **Verluste in zurückliegenden Opiumkriegen und Aufständen**
  - **Ablehnung der mandschurischen Qing-Dynastie** durch große Zahl von Han-Chinesen im Zentrum des Landes
  - **Ansehensverlust des chinesischen Kaisers** durch zunehmende Dominanz der Provinzgouverneure **(Dezentralisierung)** ↔ in Japan Etablierung eines starken Zentralstaats mit mächtigem Kaiser **(Zentralisierung)**
  - **China als wesentlich größerer Flächenstaat** → keine Möglichkeit für einheitliche Politik in ganz China
  - fehlendes Kapital durch **hohe Verschuldung** bei ausländischen Mächten und Fehlen eines funktionierenden Bankenwesens zur Finanzierung des Industrieaufbaus
  - teilweise nur **geringer Reformwille der chinesischen Eliten** → nur langsame Umsetzung von Neuerungen und **keine grundlegenden Veränderungen**

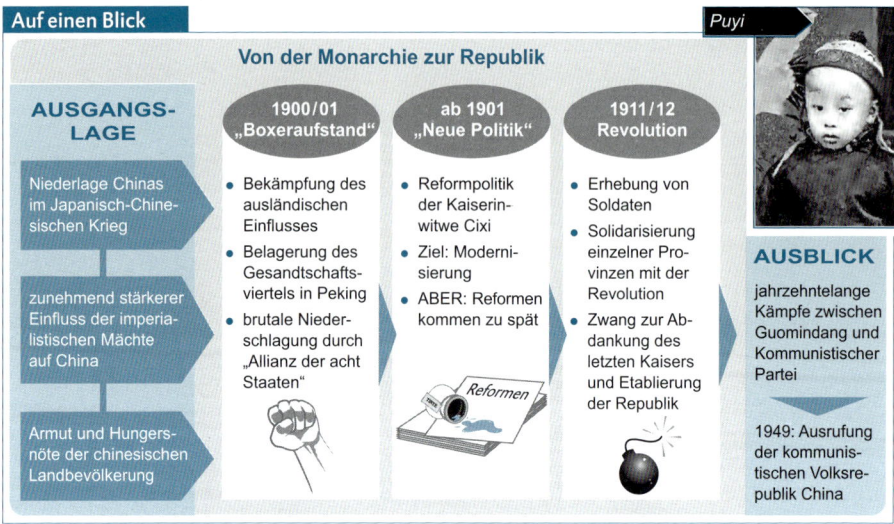

Auf einen Blick

Von der Monarchie zur Republik

Puyi

AUSGANGS-LAGE	1900/01 „Boxeraufstand"	ab 1901 „Neue Politik"	1911/12 Revolution
Niederlage Chinas im Japanisch-Chinesischen Krieg	• Bekämpfung des ausländischen Einflusses	• Reformpolitik der Kaiserinwitwe Cixi	• Erhebung von Soldaten
zunehmend stärkerer Einfluss der imperialistischen Mächte auf China	• Belagerung des Gesandtschaftsviertels in Peking • brutale Niederschlagung durch „Allianz der acht Staaten"	• Ziel: Modernisierung • ABER: Reformen kommen zu spät	• Solidarisierung einzelner Provinzen mit der Revolution • Zwang zur Abdankung des letzten Kaisers und Etablierung der Republik
Armut und Hungersnöte der chinesischen Landbevölkerung			

Reformen

AUSBLICK

jahrzehntelange Kämpfe zwischen Guomindang und Kommunistischer Partei

1949: Ausrufung der kommunistischen Volksrepublik China

„Boxeraufstand" 1900/01

- **Niederlage Chinas im Japanisch-Chinesischen Krieg** 1895→ China muss für Reparationen Darlehen im Ausland aufnehmen und imperialistischen Mächten Bau von Industrieanlagen und Eisenbahnen erlauben → **„Wettlauf" der imperialistischen Mächte um Einfluss in China**
- ab 1890: **Beteiligung des deutschen Kaiserreichs** unter Wilhelm II. **an imperialistischem Wettbewerb** und Streben nach Pachtgebiet in China
- 1897: **Ermordung zweier deutscher Missionare in China** → Besetzung des Hafens Qingdao in Jiaozhou-Bucht und Errichtung eines Stützpunkts durch deutsche Truppen → 1898: **Pachtvertrag** zwischen China und Deutschem Reich über 99 Jahre für Qingdao und Jiaozhou-Bucht
- Entstehung einer **chinesischen Geheimgesellschaft** (im Westen **„Boxer"**, in China „Yihetuan") **zur Bekämpfung von Neuerungen und des ausländischen Einflusses** → Zerstörung ausländischer Einrichtungen sowie Tötung ausländischer Missionare und chinesischer Christen
- **zunächst Bekämpfung** der Bewegung **durch Qing-Dynastie, dann aber Unterstützung** der „Boxer" in der Hoffnung, ausländische Mächte aus China vertreiben zu können
- **Erschießung des deutschen Gesandten** Clemens von Ketteler im Juni 1900 auf offener Straße und **Belagerung des ausländischen Gesandtschaftsviertels in Peking** durch „Boxer" und kaiserliche Truppen Chinas
- **„Strafexpedition" der imperialistischen Mächte** („Allianz der acht Staaten": Großbritannien, Frankreich, Deutschland, Italien, Österreich, Russland, USA und Japan) gegen China
- **brutale Niederschlagung des „Boxeraufstands"** durch imperialistische Mächte mit Plünderungen und „Strafaktionen": besonders rücksichtsloses Vorgehen der deutschen Truppen gegen chinesische Bevölkerung im Sinne der **„Hunnenrede"** Kaiser Wilhelms II.
- September 1901: **Zwang der Qing-Dynastie zur Unterzeichnung des „Boxerprotokolls"** → hohe Reparationszahlungen, Bestrafung von Beamten, militärischer Schutz für ausländische Gesandtschaften, Sühnereise eines Mitglieds des chinesischen Kaiserhauses nach Deutschland → **Unterwerfung Chinas durch imperialistische Mächte** = Schwächung der Qing-Dynastie

Gründung der Republik

- Niederlage Chinas im „Boxeraufstand" → **„Neue Politik" der Kaiserinwitwe Cixi zur Modernisierung des Staats** ab 1901:
  - Umstrukturierung und **Zentralisierung** des Regierungsapparats
  - **Abschaffung der alten Ämterprüfungen:** Auswahl nach Qualifikation, nicht mehr nach Kenntnissen in Kalligrafie und Konfuzianismus
  - Einführung eines modernen, landesweiten **Schul- und Universitätssystems nach japanischem Vorbild**
  - Umwandlung des bisherigen Außenamts in ein **Außenministerium**
  - Einrichtung von Berufsverbänden und Handelskammern
  - **Entsendung chinesischer Studenten und Beamten ins Ausland** (Japan, USA, Europa) und Einladung ausländischer Experten nach China
  - Einrichtung von **Parlamenten** in Provinzen und **Überlegungen zu Verfassung** für China
  - **Professionalisierung der Armee:** Heeresministerium, Berufsoffiziere als Befehlshaber, Verantwortung gegenüber chinesischem Staat
  - → **trotz Reformprogramm weiterer Ansehensverlust der Qing-Dynastie** wegen wachsender wirtschaftlicher Abhängigkeit von imperialistischen Mächten
- **Aufkommen republikanischer Ideen** als Alternative zur Monarchie des Kaiserreichs
- **„Revolutionäre Allianz"** unter Intellektuellem Sun Yat-sen: Nationalismus, Demokratie und Sozialismus als **Leitlinien für demokratisches China nach westeuropäischem und amerikanischem Vorbild** → Forderungen nach Parlament und Verfassung für ganz China
- ab 1909: Gründung von **Provinzversammlungen** als erste Parlamente
- 10. Oktober 1911: **Revolution** in Wuchang durch aufständische Soldaten → Solidarisierung einzelner Provinzen mit der Revolution und **Ernennung Sun Yat-sens zum Provisorischen Präsidenten** → Zusammenarbeit mit Militär der Qing-Dynastie unter General Yuan Shikai
- 1912: Zwang des Kindkaisers Puyi zur Abdankung und damit **Etablierung der Republik** in ganz China (erster Präsident: Yuan Shikai)

Ausblick

- 1914: **Auflösung des Parlaments** durch Yuan Shikai → formales Bestehenbleiben der Republik, aber de facto **Diktatur Yuan Shikais**
- 1915: **Abschaffung der Republik** durch Yuan Shikai, der sich selbst zum Kaiser ernennt → nach wenigen Monaten Entmachtung Yuan Shikais → 1916: Tod Yuan Shikais und Machtvakuum → jahrelange **militärische Auseinandersetzungen zwischen lokalen Kriegsherren**
- 1924: **Zusammenarbeit der Nationalen Volkspartei (Guomindang)** unter Sun Yat-sen **und der Kommunistischen Partei Chinas (KPCh)** zur Wiederherstellung der Einheit Chinas
- 1927: Beendigung des Bündnisses durch Chiang Kai-shek (Nachfolger von Sun Yat-sen) → jahrzehntelange **Kämpfe zwischen Guomindang und KPCh**
- 1937: **Überfall Japans auf China** und Ausweitung des japanischen Einflusses → Beilegung der Auseinandersetzungen zwischen Guomindang und KPCh → gemeinsamer Kampf gegen Japan
- ab 1945: erneute Kämpfe zwischen Guomindang und KPCh → 1949: vollständiger Sieg der KPCh → **Ausrufung der kommunistischen Volksrepublik China durch Mao Zedong** und Flucht der Guomindang unter Chiang Kai-shek nach Taiwan (bis heute Republik China)

Auf einen Blick

Die Revolution von 1918/19

Vorgeschichte

- Kriegslage 1918
  → OHL: Eingeständnis der Niederlage
- neue Regierung und „Oktoberverfassung"

Novemberereignisse 1918

- geografische Ausdehnung der Revolution
- „Arbeiter- und Soldatenräte"
- 9.11. doppelte Republikausrufung
- 10.11. „Rat der Volksbeauftragten"
- 11.11. Unterzeichnung des Waffenstillstands

weiterer Verlauf 1919

- Januaraufstand
- 19.1. Wahlen zur Nationalversammlung
- 6.2. Eröffnung der Nationalversammlung
- Mai: Ende der Revolution

Beginn der Revolution

Okt./Nov. 1918: Meuterei der Soldaten in Wilhelmshaven und Kiel

Ende der Monarchie → parlamentarische Demokratie   **aber:**   kein vollständiger Bruch mit dem Kaiserreich

Vorgeschichte

- **Kriegslage im Jahr 1918:** Millionen von Toten und Verwundeten, schlechte Versorgungslage, gescheiterte Frühjahrsoffensive 1918, militärischer Durchbruch der Alliierten bei Amiens am 8. August 1918, viele Desertionen deutscher Soldaten → zunehmende **Kriegsmüdigkeit** der deutschen Bevölkerung und Sehnsucht nach einem Ende des Kriegs
- Ende September 1918: **Eingeständnis der Kriegsniederlage** durch die Oberste Heeresleitung (OHL; Paul von **Hindenburg**, Erich **Ludendorff**) → Forderung: sofortiger Waffenstillstand
- 3. Oktober 1918: Prinz **Max von Baden** neuer **Reichskanzler**, neue Regierung mit Vertretern der Mehrheitsparteien, z. B. Matthias **Erzberger** (Zentrum), Philipp **Scheidemann** (MSPD)
- **Waffenstillstandsangebot** der neuen Regierung → OHL kann die Verantwortung für die Kriegsniederlage den bürgerlichen Politikern zuschieben **(Geburt der Dolchstoßlegende)**
- Voraussetzung für Verhandlungen auf Grundlage der 14 Punkte von US-Präsident **Wilson:** Parlamentarisierung der Reichsverfassung (v. a. stärkerer Reichstag) → „Oktoberverfassung" vom 28. Oktober 1918: Ablösung der konstitutionellen durch die **parlamentarische Monarchie**

Novemberereignisse 1918

- Ende Oktober 1918: Seekriegsleitung will nicht kampflos kapitulieren, ABER: Weigerung der **Matrosen** in Wilhelmshaven und Kiel, gegen die britische Flotte auszulaufen → **Beginn der Revolution** (kein geplanter Umsturz, sondern **spontane Revolte** kriegsmüder Soldaten)
- Anfang November 1918: Ausdehnung der Revolution auf weitere deutsche Städte (z. B. Hamburg, Köln, Dresden, Frankfurt/Main, München), Bildung von **„Arbeiter- und Soldatenräten"**
- 9. November 1918: Revolution in **Berlin**
  - Max von Baden gibt eigenmächtig die Abdankung des Kaisers bekannt und überträgt das Amt des Reichskanzlers auf Friedrich **Ebert** (MSPD)
  - **doppelte Republikausrufung:** Proklamierung einer **„Deutschen Republik"** durch Scheidemann (MSPD) und einer „Freien Sozialistischen Republik Deutschland" durch Karl **Liebknecht** (USPD/Spartakusbund)

- 10. November 1918: Bildung des **„Rats der Volksbeauftragten"** als provisorische Regierung (jeweils drei Mitglieder von MSPD und USPD)
- Zusammenarbeit der neuen Regierung mit den Eliten des Kaiserreichs in Justiz, Verwaltung und Militär (z. B. Abkommen mit der Armee: **„Ebert-Groener-Pakt"** vom 10. November 1918) → Ziele: Aufrechterhaltung der inneren Ordnung, geordneter Rückzug der deutschen Truppen
- 11. November 1918: **Unterzeichnung des Waffenstillstands** durch Erzberger im Wald bei Compiègne (Frankreich) = **Ende des Ersten Weltkriegs** → harte **Bedingungen**, u. a.:
  - Räumung der von Deutschland besetzten Gebiete im Westen, des linken Rheinufers und Elsass-Lothringens; Schaffung einer entmilitarisierten Zone rechts des Rheins
  - Aufhebung des Friedensvertrags von Brest-Litowsk, Räumung der besetzten Gebiete im Osten
  - Abgabe von bestimmtem Kriegsmaterial
  - Freigabe und Rückführung aller alliierten Kriegsgefangenen
- 15. November 1918: **„Stinnes-Legien-Abkommen"** → Einigung zwischen Arbeitgebern und Gewerkschaften (Achtstundentag, Zulassung von Arbeiterausschüssen in Unternehmen)
- 28. November 1918: offizielle **Abdankung des Kaisers** → Exil in den Niederlanden

Entwicklung und Ende der Revolution

- unterschiedliche Ziele von MSPD und USPD: parlamentarische Demokratie vs. sozialistische Räterepublik → Mitte Dezember 1918: **Erster Reichskongress der Arbeiter- und Soldatenräte** in Berlin (MSPD in der Mehrheit) → Entscheidung für Wahl einer Nationalversammlung
- um Weihnachten 1918: **Unruhen in Berlin** → Einsatz von Soldaten gegen aufständische Matrosen (von der MSPD genehmigt) → Zunahme der Differenzen zwischen MSPD und USPD
- 28. Dezember 1918: **Austritt der USPD** aus dem „Rat der Volksbeauftragten"
- 1. Januar 1919: **Gründung der KPD** (Kommunistische Partei Deutschlands)
- 5.–12. Januar 1919: **Januaraufstand** der radikalen Linken in Berlin (**„Spartakusaufstand"**) → bürgerkriegsähnliche Straßenkämpfe, durch Regierungstruppen und Freikorps niedergeschlagen
- 15. Januar 1919: **Ermordung** von Rosa **Luxemburg** und Karl **Liebknecht** (beide Spartakusbund) durch Freikorps-Mitglieder
- 19. Januar 1919: **Wahlen zur Nationalversammlung** (allgemeines, gleiches, unmittelbares und geheimes Wahlrecht für Männer <u>und</u> Frauen ab 20 Jahren) → Sieg der Mehrheitsparteien → **„Weimarer Koalition"** aus MSPD, DDP und Zentrum
- 6. Februar 1919: **Eröffnung der Nationalversammlung** in Weimar
- Frühjahr 1919: Streikwellen, lokale Aufstände, bürgerkriegsartige Zustände → zeitweise Verhängung des **Ausnahmezustands**, zahlreiche Tote und Verletzte (z. B. in Berlin und München)
- Mai 1919: **Zerschlagung der Räterepublik in Bayern** → **Ende der Revolution** von 1918/19

Bewertung

- **Bedeutung** für die deutsche Geschichte: Abschaffung der Monarchie, Einführung der **parlamentarischen Demokratie** und der Republik in Deutschland
- konkurrierende **politische Lager: Monarchisten** (Beamte, Richter, Offiziere), Unterstützer der parlamentarischen **Demokratie** (Mehrheitsparteien), **Sozialisten** (USPD, Spartakisten, KPD)
- schnelle Eindämmung der Massenbewegung (mithilfe der alten Eliten) aus **Angst vor einer radikalen Revolution** nach sowjetischem Vorbild
- letztendlich **keine vollständige Abkehr vom monarchischen Obrigkeitsstaat** (z. B. Zusammenarbeit mit den alten Eliten in Militär, Verwaltung und Justiz)

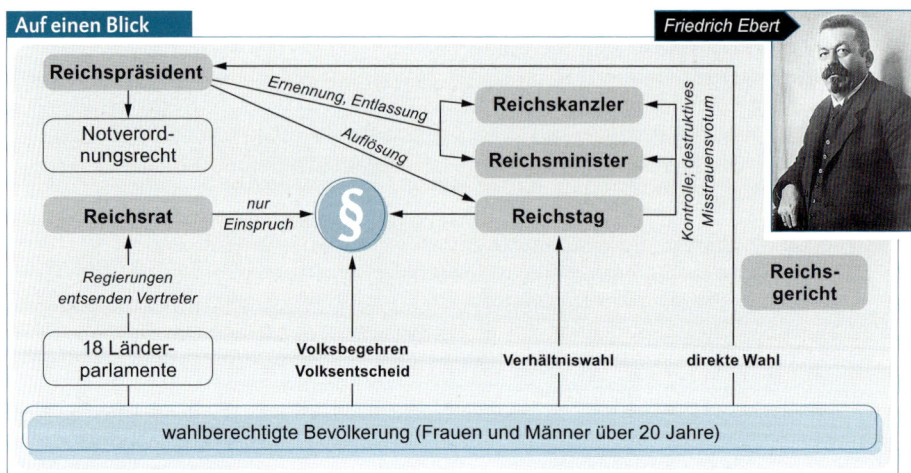

Auf einen Blick

Friedrich Ebert

Entstehungsprozess

- unruhige Zustände in Berlin → Zusammentreten der Nationalversammlung (NV) am 6. Februar 1919 im **Nationaltheater** in **Weimar** (Anlehnung an die Ideale der Weimarer Klassik → „**Geist von Weimar**") → dort Begründung der „**Weimarer Republik**"
- innen- und außenpolitisch **schwierige Situation:** Unruhen und Streiks in Deutschland, Vorbereitung des Versailler Vertrags durch die Siegermächte des Ersten Weltkriegs
- 11. Februar 1919: Wahl Friedrich **Eberts** (MSPD) zum **Reichspräsidenten** durch die NV
- 13. Februar 1919: Bildung des **Kabinetts Scheidemann** (Parteien der „**Weimarer Koalition**": MSPD, DDP, Zentrum)
- Aufgabe der Nationalversammlung: **Erlass einer Verfassung** → Grundlage der Beratungen: Verfassungsentwurf des linksliberalen Staatsrechtlers Hugo **Preuß** (DDP)
- 31. Juli 1919: **Verabschiedung der „Verfassung des Deutschen Reiches"** (Zustimmung: MSPD, DDP, Zentrum – Ablehnung: DNVP, DVP, USPD)
- 11. August 1919: **Unterzeichnung** der Verfassung durch Reichspräsident **Ebert** (11. August = **Nationalfeiertag** der Weimarer Republik) → Verkündung, Inkrafttreten am 14. August 1919

Inhalte und Kontroversen

Allgemeines

- **tiefgreifende Neukonzeption** des Staatswesens: Abschaffung der Monarchie und Einführung einer **parlamentarisch-demokratischen Republik** (mit Volkssouveränität und Gewaltenteilung) → Staatsgewalt geht nun vom deutschen Volk aus
- Aufnahme liberaler **Grundrechte** (Vorbild: **Paulskirchenverfassung** von 1849) wie Gleichheit vor dem Gesetz, Freiheit der Person sowie Meinungs-, Glaubens-, Versammlungsfreiheit; Verankerung von **Grundpflichten** (z. B. Einsatz zum Wohl der Allgemeinheit)
- viele **Kompromisse** zwischen den politischen Akteuren/Ideen von 1918/19 → **kontroverse Debatten** v. a. zur Stellung von Reichstag und Reichspräsident, zur Bedeutung der Länder (Föderalismus vs. Zentralismus) und zur konkrete Ausgestaltung der Grundrechte

Verfassungsorgane

- zentrale Bedeutung des **Reichstags als Vertretung des deutschen Volks**
  - **Wahl:** alle vier Jahre; allgemeines, gleiches, unmittelbares, geheimes **Wahlrecht** für Männer und (nun auch) Frauen ab 20 Jahren; absolutes **Verhältniswahlrecht** ohne Sperrklausel
  - **Aufgaben/Rechte:** Gesetzgebung **(Legislative)**, Verabschiedung des **Haushalts**, Kontrolle der **Reichsregierung**, Ratifizierung von Staatsverträgen, Entscheidung über Krieg und Frieden, Bestätigung von Notverordnungen
  - Konkurrenz durch Reichspräsident und **plebiszitäre Elemente** (Volksbegehren, -entscheid)
- **starke Position des Reichspräsidenten**
  - **Wahl:** von der wahlberechtigten Bevölkerung direkt gewählt, lange Amtszeit (sieben Jahre)
  - **Aufgaben/Rechte:** Ernennung und Entlassung der Reichsregierung (Artikel 53), Auflösung des Reichstags (Artikel 25), Oberbefehl über die Reichswehr, völkerrechtliche Vertretung, weitreichende Befugnisse durch **Artikel 48** („Reichsexekution", **Notverordnungen**, Außerkraftsetzung der **Grundrechte**)
- **Reichsregierung** (Reichskanzler, Reichsminister): **Exekutive**, Bestimmung der Richtlinien der Politik durch den Reichskanzler, doppelte Abhängigkeit von Reichstag und Reichspräsident
- **Reichsrat** (Vertretung der Länder): Position des Reichsrats schwächer als Stellung des Bundesrats im Kaiserreich (z. B. weniger Einfluss auf die Gesetzgebung) → insgesamt **föderaler Aufbau** des Deutschen Reichs (Einteilung in Länder) mit gestärkter **Zentralgewalt**
- **Judikative:** Reichsgericht und Gerichte der Länder, Staatsgerichtshof (für Verfassungsfragen)

Bewertung und Folgen

- erste **demokratische Verfassung** Deutschlands als neue Grundlage des politischen Lebens
- nicht nur Regelung des Staatswesens, sondern auch Aufnahme eines **Grundrechtekatalogs**
- ABER: **Schwächen** der Verfassung
  - **Parteien** als wichtige Akteure des Parlamentarismus nicht in die Verfassung aufgenommen (kritische bis ablehnende Haltung der Verfassungsväter), keine verfassungsrechtlichen Vorkehrungen gegen **demokratiefeindliche Parteien**
  - **starke**, vom Parlament unabhängige **Stellung des Reichspräsidenten** als „Ersatzkaiser": durch die Direktwahl Gefahr, dass ein beliebter, aber antidemokratischer Politiker gewählt wird (siehe Hindenburg 1925/32)
  - **Verhältniswahlrecht mit fehlender Prozenthürde** für kleine Parteien → parteipolitische Zersplitterung des Reichstags → Schwierigkeit, stabile Regierungsmehrheiten zu bilden
  - **Grundrechte** können vorübergehend außer Kraft gesetzt und nicht eingeklagt werden
- Endphase der Weimarer Republik: zunehmend schwierige Regierungsbildung, starke Stellung des Reichspräsidenten (v. a. durch Kombination der Artikel 25, 48, 53) → **„Präsidialkabinette"** 1930–1933; ab 1933 Reichskanzlerschaft Adolf Hitlers → **Ende der Weimarer Republik**
- **Ausblick:** Konsequenzen im **Grundgesetz der Bundesrepublik** („Bonn ist nicht Weimar.")
  - Verbindlichkeit und **Unantastbarkeit der Grundrechte**
  - schwächere Position des **Bundespräsidenten** (v. a. **repräsentative Funktion**), Stärkung des **Bundeskanzlers** („Kanzlerdemokratie", konstruktives statt destruktives Misstrauensvotum)
  - **Einschränkung** von Elementen **der direkten Demokratie** (Volksabstimmungen)
  - **Fünf-Prozent-Hürde** zur Verhinderung einer parteipolitischen Zersplitterung im Bundestag
  - **„wehrhafte Demokratie":** Verbot verfassungsfeindlicher Parteien/Organisationen möglich

Auf einen Blick

Grundsätze und Zielsetzungen

- Frankreich: dauerhafte Schwächung Deutschlands
- USA: kollektive Friedenssicherung
- Großbritannien: „Balance of Power"
- Aushandlung ohne deutsche Beteiligung („Diktatfrieden")

Regelungen und Beschlüsse

- territorial: Verlust von ca. 13 % des deutschen Staatsgebiets
- militärisch: Beschränkung des Berufsheers und Verbot der Wehrpflicht
- politisch: „Kriegsschuldartikel" 231
- wirtschaftlich: hohe Reparationsforderungen

Folgen und Bedeutung

- Empörung, Ablehnung des Vertrags als „Schandvertrag"
- rechte Hetze gegen Weimarer Republik: „Kriegsschuldlüge", Dolchstoßlegende
- Revisionskonsens
- ▶ Instabilität des Friedensschlusses

Grundsätze und Zielsetzungen

- 18. Januar 1919: Zusammentreten von Delegationen aus 32 Ländern (ohne Vertreter der Verliererstaaten und in Bürgerkriegswirren verstricktes Russland) zur **Pariser Friedenskonferenz** → „Rat der Vier" (USA, Großbritannien, Frankreich und Italien) als Hauptentscheidungsträger
- zentrale **Themen:** politische Neuordnung Europas, Umgang mit dem besiegten Deutschen Reich
- **Ziele** der wichtigsten Siegermächte (die „großen Drei"):
  - **Frankreich** (Georges Clemenceau): Gewährleistung der eigenen Sicherheit → **dauerhafte Schwächung Deutschlands**, Wiedergutmachung für erlittene Kriegsschäden, eigene Hegemonie in Europa und Stärkung Polens gegen Deutschland und Russland
  - **USA** (Woodrow Wilson): **kollektive Friedenssicherung** durch Bildung eines Völkerbunds (Teil des 14-Punkte-Programms von Wilson), Rückgewinnung der an die Alliierten vergebenen Kriegskredite, Erhaltung Deutschlands als Gegengewicht zu bolschewistischem Russland
  - **Großbritannien** (David Lloyd George): **„Balance of Power"** gegen französische Hegemonie, nur geringe Schwächung Deutschlands → Gegengewicht zum revolutionären Russland
  - → letztlich abgeschlossener Vertrag stark von französischen Vorstellungen geprägt
- 28. April 1919: Gründung des **Völkerbunds** zur Abrüstung und friedlichen Konfliktlösung
- Aushandlung des Vertrags von den alliierten Siegermächten in Versailles **ohne deutsche Beteiligung** → 28. Juni 1919: Unterzeichnung des Vertrags durch die deutsche Delegation (Regierung Bauer) im Spiegelsaal von Versailles → keine Weigerung möglich, da Drohung der Alliierten, in Deutschland einzumarschieren und es zu besetzen → Schlagwort vom **„Diktatfrieden"**
- 10. Januar 1920: Inkrafttreten des **Versailler Vertrags**

Regelungen und Beschlüsse

Territoriale Bestimmungen

- Abtretung eines Großteils der Provinzen **Westpreußen** und **Posen**, kleinerer Teile von **Ostpreußen** und **Hinterpommern** sowie von **Ostoberschlesien** (trotz Volksabstimmung 1921) an Polen → Abtrennung Ostpreußens durch „polnischen Korridor" vom restlichen Reich

- Erklärung **Danzigs** zur „Freien Stadt" unter Schutz des Völkerbunds
- Abtretung des **Hultschiner Ländchens** an die Tschechoslowakei und Unterstellung des **Memelgebiets** unter Völkerbundsmandat (ab 1923 zu Litauen, ab 1924 Autonomiestatus)
- Rückgabe **Elsass-Lothringens** an Frankreich und Abtretung **Eupen-Malmedys** an Belgien
- Unterstellung des **Saargebiets** für 15 Jahre unter Völkerbundsmandat (Verfügungsgewalt über Kohlegruben für Frankreich), anschließend Volksabstimmung
- **Entmilitarisierung des Rheinlands** und militärische Kontrolle des linksrheinischen Gebiets durch die Alliierten, v. a. Frankreich (1930 vorzeitige Räumung des Rheingebiets)
- Angliederung **Nordschleswigs** nach Volksabstimmung an Dänemark
- Verlust sämtlicher **Kolonien** und **Vereinigungsverbot** mit Österreich
- insgesamt Verlust von ca. 13 % des deutschen Staatsgebiets und ca. 10 % der Bevölkerung

Militärische Bestimmungen

- **Beschränkung des Berufsheers** auf 100 000 Mann sowie der Marine auf 15 000 Mann und **Verbot der Wehrpflicht**
- **Verlust der Luftstreitkräfte** sowie von schweren Waffen, Schlachtschiffen und U-Booten
- **Entmilitarisierung des Rheinlands** in einem Streifen 50 Kilometer östlich des Rheins
- alliierte **Besatzung** der Gebiete um Aachen, Koblenz, Köln, Trier und Mainz

Politische und wirtschaftliche Bestimmungen

- Artikel 231 (**„Kriegsschuldartikel"**): Zuweisung der alleinigen Kriegsschuld an Deutschland und seine Verbündeten
- hohe **Reparationsforderungen** der Siegermächte an Deutschland:
  - **Sachleistungen:** Handelsschiffe, Lokomotiven, Maschinen, ein Viertel der Fischfangflotte, Vieh, Kohle usw.
  - **Geldzahlungen**, deren Höhe 1921 im „Londoner Zahlungsplan" auf 132 Milliarden Goldmark festgelegt wird → weitere Regelungen im Dawes- und Young-Plan 1924/29
- Androhung **harter Strafen** (u. a. Besetzung des Lands) **bei Nichterfüllung** der Wiedergutmachungsleistungen

Folgen und Bedeutung

- **Empörung** und einhellige **Ablehnung** des Vertrags von weiten Teilen der Bevölkerung sowie der Regierung wegen Härte der Bestimmungen („**Schandvertrag**", „Gewalt-/Schmachfrieden") → rechte Republikgegner: **Verunglimpfung der Politiker**, die Vertrag unterzeichnen bzw. umsetzen müssen, als „Erfüllungspolitiker"
- Instrumentalisierung des Vertrags für **rechte Hetze** gegen Weimarer Republik („**Kriegsschuldlüge**") → Bezeichnung von Demokraten und Republikanern als „Novemberverbrecher", die durch Revolution und Friedensverhandlungen dem siegreichen deutschen Heer in den Rücken gefallen seien **(Dolchstoßlegende)**
- **Revisionskonsens:** Revision des Versailler Vertrags als parteiübergreifendes Hauptziel künftiger deutscher Außenpolitik (in der Weimarer Republik **auf friedlichem Weg** angestrebt)
- **Schwächung der deutschen Wirtschaftskraft** durch hohe Reparationen und Gebietsverluste
- Versailler Vertrag als ein Grund für späteres **Scheitern der Weimarer Republik**
- **Instabilität des Friedensschlusses** → Zwischenkriegszeit bis 1939 nur Atempause, keine wirkliche Friedensphase

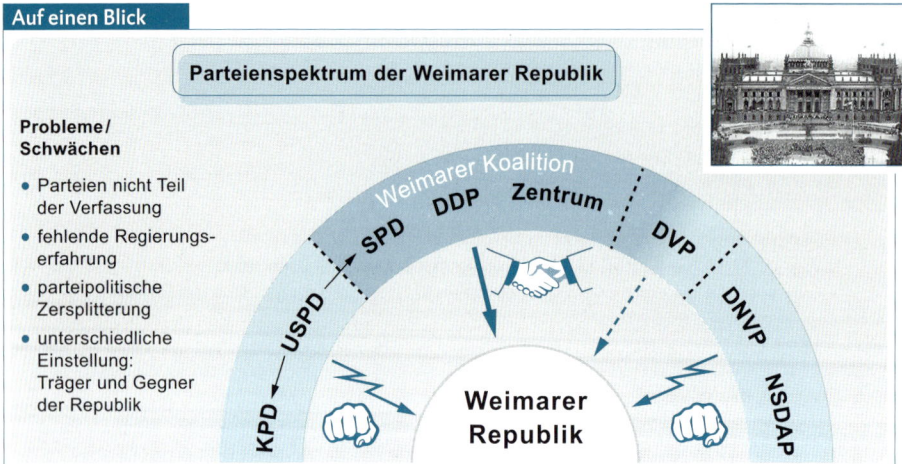

Parteienspektrum der Weimarer Republik

Probleme/ Schwächen

- Parteien nicht Teil der Verfassung
- fehlende Regierungserfahrung
- parteipolitische Zersplitterung
- unterschiedliche Einstellung: Träger und Gegner der Republik

Weimarer Koalition — USPD — SPD — DDP — Zentrum — DVP — DNVP — NSDAP — KPD

Weimarer Republik

Die Parteien der Weimarer Republik

- Parteien = wichtige Akteure des Parlamentarismus, aber nicht in der Verfassung berücksichtigt; starke Kontinuität des Parteienspektrums vom Kaiserreich zur Weimarer Republik
- große Parteienlandschaft, parteipolitische **Zersplitterung** im Reichstag (durch absolutes Verhältniswahlrecht, fehlende Prozenthürde), unterschiedliche **Einstellung** gegenüber Weimar:
  - Träger: **SPD, DDP, Zentrum** (= „Weimarer Koalition"); **DVP** (unter **Stresemann**)
  - Gegner: konservative **(DNVP)**, rechts- und linksextreme Parteien **(NSDAP, KPD)** → mangelnde Koalitions- und Kooperationsbereitschaft, Behinderung der parlamentarischen Arbeit
- **kein demokratischer Grundkonsens** in der Gesellschaft, **Mangel an charismatischen Führungspersönlichkeiten** in den demokratischen Parteien, fehlende Regierungserfahrung

Parteien des linken Spektrums

KPD (Kommunistische Partei Deutschlands)
- 1918/19 aus dem Spartakusbund (Rosa **Luxemburg**, Karl **Liebknecht**) und anderen linken Gruppierungen entstanden → 1920: Anschluss des linken Flügels der USPD
- Selbstverständnis: „**Klassenpartei**" der Arbeiter → Ziele: revolutionärer Umsturz, **sozialistisches Rätesystem** → gegen Weimarer Republik und die **SPD**, Anlehnung an die Sowjetunion

USPD (Unabhängige Sozialdemokratische Partei Deutschlands)
- im April 1917 aus Protest gegen die **Kriegspolitik** von der SPD abgespalten; 1920: linker Flügel zur KPD, 1922: rechter Flügel zur SPD → USPD nur noch **Splitterpartei**
- Ziel (v. a. des linken Flügels): **sozialistisches Rätesystem**

„Weimarer Koalition" und DVP

SPD (Sozialdemokratische Partei Deutschlands)
- **Arbeiterpartei**, die auf Vorläufer von 1863/69 zurückgeht; seit 1890 SPD; 1917–1922 auch MSPD (Mehrheits-SPD) genannt (Abgrenzung zur USPD)

- **republik- und verfassungstreu** (bis zuletzt Unterstützung der Weimarer Republik), demokratisch, antimilitaristisch, Vertretung von **Arbeiterinteressen**

DDP (Deutsche Demokratische Partei)
- gegründet im November 1918, hervorgegangen aus der **Fortschrittlichen Volkspartei** und dem linken Flügel der Nationalliberalen Partei → kleine „Honoratiorenpartei"
- **bürgerlich-linksliberal**, demokratisch und **republiktreu** → großer Anteil an der Ausarbeitung der **Verfassung**, an den meisten **Reichsregierungen** beteiligt

Zentrum (Deutsche Zentrumspartei)
- katholische Volkspartei ab 1870; November 1918: Abspaltung der **BVP** (Bayerische Volkspartei)
- **republiktreu** → bis 1932 in allen Reichsregierungen (stellt oft den **Reichskanzler**); Eintreten für **christliche Werte**, bürgerliche Freiheitsrechte und soziale Gerechtigkeit (dabei aber antisozialistisch); ab Mitte der 1920er-Jahre: Entwicklung nach rechts, Annäherung an die DNVP

DVP (Deutsche Volkspartei)
- gegründet im November 1918, Nachfolgerin der **Nationalliberalen Partei**
- **national- bis rechtsliberal**; Vertretung von Mittelstand und Großindustriellen; für ein starkes Deutschland; 1919 gegen die Weimarer Verfassung und für eine konstitutionelle Monarchie
- gespalten in linken und rechten Flügel → vorübergehende Mitarbeit, aber nach dem Tod von Mitbegründer Stresemann („Vernunftrepublikaner") 1929 deutliche antidemokratische Tendenz

Parteien des rechten Spektrums

DNVP (Deutschnationale Volkspartei)
- gegründet im November 1918 aus verschiedenen **konservativen** Gruppierungen; Mitbegründer und ab 1928 Vorsitzender: Medienunternehmer Alfred **Hugenberg**
- **konservativ-monarchistisch** bis **völkisch-antisemitisch**, nationalistisch, Interessenvertretung von Schwerindustrie und Großagrariern, gegen die Republik und den Versailler Vertrag

NSDAP (Nationalsozialistische Deutsche Arbeiterpartei)
- 1919 als Deutsche Arbeiterpartei (DAP) in Bayern gegründet, 1920 in NSDAP umbenannt, Adolf **Hitler** ab 1921 Parteivorsitzender, 1925 **Neugründung** nach Verbot
- antidemokratisch, **staatsfeindlich**, rassistisch, antisemitisch; Ziele: **Diktatur**, Eroberungen

Gesellschaftliche Milieus und Gruppen

- Bestehenbleiben soziokultureller Milieus der Kaiserzeit: **Klassengesellschaft** mit Abgrenzung wirtschaftlich definierter Klassen (bestimmte Werte, Lebensweisen, politische Überzeugungen)
- **Arbeiterschaft** (40–45 % der Bevölkerung): Erhöhung des politischen Gewichts der Arbeiter, die auch oft Arbeiterparteien wählen → gemäßigt: **MSPD**; radikal-sozialistisch: **USPD, KPD**
- **Landproletariat** (ca. 25 %): besitzlose Landarbeiter oder Kleinbauern, die vom Wirtschaftsaufschwung der 1920er-Jahre kaum profitieren und **radikale Parteien** (rechts oder links) wählen
- **Bürgertum** (ca. 30 %; Vielfalt der Gruppen, u. a. kleinbürgerliche Angestellte, Kaufleute, Handwerker): meist national eingestellt, oft eher **gemäßigt-parlamentarisch orientiert**, daneben aber auch bürgerliche Vertreter der alten Eliten, konservativ-monarchistisch bis völkisch gesinnte Bürgerliche, z. B. viele Akademiker → in diesen Kreisen **kaum Unterstützung** für die Republik
- **Adel** und industrielles **Großbürgertum** sowie Großgrundbesitzer mit **feindlicher Gesinnung** gegenüber der Republik → Agitation für Rückkehr zu vordemokratischem Ständestaat

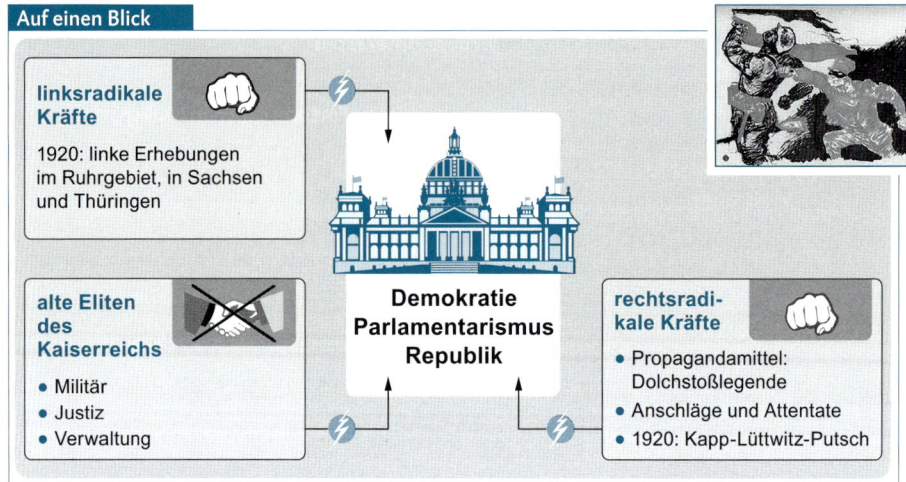

Auf einen Blick

linksradikale Kräfte

1920: linke Erhebungen im Ruhrgebiet, in Sachsen und Thüringen

alte Eliten des Kaiserreichs
- Militär
- Justiz
- Verwaltung

Demokratie Parlamentarismus Republik

rechtsradi- kale Kräfte
- Propagandamittel: Dolchstoßlegende
- Anschläge und Attentate
- 1920: Kapp-Lüttwitz-Putsch

Die Stellung der alten Eliten

- Ablehnung der republikanischen Ordnung und des Versailler Vertrags durch überwiegend konservativ, antidemokratisch, nationalistisch eingestellte **alte Eliten des Kaiserreichs** (v. a. aus Adel und Bürgertum) → kaum Unterstützung für Weimar in **Militär, Justiz und Verwaltung**
- Einstellung der **Reichswehr** gegenüber der Republik:
  – nach **Kriegsniederlage** und Republikgründung: angeschlagenes Selbstbewusstsein, keine besondere Stellung mehr wie im Kaiserreich, von den militärischen Vorgaben des **Versailler Vertrags** betroffen (Versuche der Reichswehrführung, diese Bestimmungen zu umgehen, z. B. durch militärische Zusammenarbeit mit der Sowjetunion und der Roten Armee)
  – „**Ebert-Groener-Pakt**" vom 10. November 1918: Zusammenarbeit der Politik mit der Armee → starke, kaum kontrollierbare Stellung der Reichswehr (**„Staat im Staate"**) → Eingreifen gegen linke, aber nicht gegen rechte Erhebungen (z. B. Kapp-Lüttwitz-Putsch)
- konservativ eingestellte **Justiz:**
  – harte Urteile gegen links, milde Urteile oder keine Strafverfolgung gegen rechts (Justiz „**auf dem rechten Auge blind**")
  – nach Rathenaus Ermordung 1922 zwar Erlass des „**Gesetzes zum Schutze der Republik**" durch den Reichstag (hartes Vorgehen gegen republikfeindliche Aktionen), von der Justiz aber selten gegen rechtsradikale Kräfte angewandt

Bedrohung der Republik durch extreme Kräfte

Ablehnung und Bekämpfung der Republik durch rechts- und linksradikale Kräfte; **Attacken auf Parteien und Politiker**, die die Republik unterstützen und den Versailler Vertrag umsetzen müssen (Diffamierung als „Verräter", „Novemberverbrecher" und „Erfüllungspolitiker")

extreme Linke

- Ablehnung des parlamentarisch-demokratischen Regierungssystems (wegen Herrschaft von Kapitalismus und Bürgertum), stattdessen: Wunsch nach einer **sozialistischen Räterepublik**

- **Gegner:** rechte Kräfte sowie die **Sozialdemokratie**, die die Revolution nicht vollendet und die Arbeiterschaft verraten habe (Diffamierung als „Sozialfaschisten")
- Orientierung der deutschen Kommunisten an den Bolschewisten in der **Sowjetunion** und an der **Kommunistischen Internationale** („Komintern" mit Sitz in Moskau)

extreme Rechte

- keine geschlossene Bewegung (z. B. völkisch, monarchistisch, nationalistisch geprägt)
- Gemeinsamkeiten: **Ablehnung von Republik und Demokratie**, Agitation gegen den Vertrag von Versailles („Schanddiktat"), Stimmungsmache gegen Linke (SPD, KPD), Antisemitismus
- **Dolchstoßlegende** als Propagandamittel: Behauptung, die deutschen Truppen seien nicht an der Front besiegt, sondern von linken Politikern, Revolutionären und „Novemberverbrechern" in der Heimat „erdolcht" worden; Letztere hätten Waffenstillstand und Versailler Vertrag zu verantworten → **Entlastung** der wahren Verantwortlichen, schwere **Belastung** für Weimar

Politische Gewalt und antidemokratische Entwicklung der Anfangsjahre

- 1919–1923: **unruhige und gewalttätige Anfangsjahre** der Republik, verschiedene Aktionen von rechts und links
- **rechtsradikaler Terror** (Anschläge, Attentate):
  - Entstehung von rechtsextremen, militanten „Vaterländischen Verbänden" und Geheimbünden (z. B. nationalistisch-antisemitische „Organisation Consul")
  - **Ermordung von Politikern**, die für die Kriegsniederlage, die Revolution und den Versailler Vertrag verantwortlich gemacht werden, z. B. Rosa **Luxemburg** und Karl **Liebknecht** (1919), Kurt **Eisner** (1919), Matthias **Erzberger** (1921), Walther **Rathenau** (1922); Attentat auf Philipp **Scheidemann** (1922), der den Anschlag überlebt
- **Kapp-Lüttwitz-Putsch** im März 1920:
  - rechtsextremer Putsch gegen die Reichsregierung, durchgeführt von Putschisten unter General Walther von **Lüttwitz** und dem Deutschnationalen Wolfgang **Kapp**, unterstützt durch Angehörige der **Freikorps** (v. a. „Marinebrigade Ehrhardt")
  - 13. März 1920: Beginn des Putsches in Berlin → Besetzung des Regierungsviertels, Flucht von Reichspräsident und Reichsregierung, Kapp neuer Reichskanzler
  - **kein Eingreifen der Reichswehr** gegen die Putschisten: „Truppe schießt nicht auf Truppe."
  - ABER: erfolgreicher Aufruf der **Gewerkschaften** zum Generalstreik, kaum Unterstützung der Putschisten durch die Verwaltung → 17. März 1920: Zusammenbruch des Putsches, Abzug der „Marinebrigade Ehrhardt" aus Berlin, Flucht von Kapp und Lüttwitz ins Ausland
  - nach dem Ende des Aufstands milder Umgang mit den Putschisten
- **Aufstände und Aktionen von links**, z. B. im Zusammenhang mit Kapp-Lüttwitz-Putsch 1920:
  - Generalstreik → linksradikale Erhebung im **Ruhrgebiet** gegen die Reichsregierung (von Kommunisten angeführte „Rote Ruhrarmee")
  - Arbeiteraufstände in **Sachsen** und **Thüringen**
  - linke Erhebungen des Frühjahrs 1920 von Reichswehrtruppen und Freikorps niedergeschlagen
- antidemokratischer Umschwung auf Reichsebene bei den **Reichstagswahlen am 6. Juni 1920:**
  - Stimmengewinne für Parteien am Rand des politischen Spektrums (rechts: DNVP, DVP; links: USPD, KPD), „**Weimarer Koalition**" (SPD, DDP, Zentrum) verliert ihre Mehrheit dauerhaft
  - fortan instabile innenpolitische Verhältnisse und **schwierige Regierungsbildungen**
- Ereignisse des **Krisenjahrs 1923:** u. a. Ruhrkampf, Hitler-Putsch

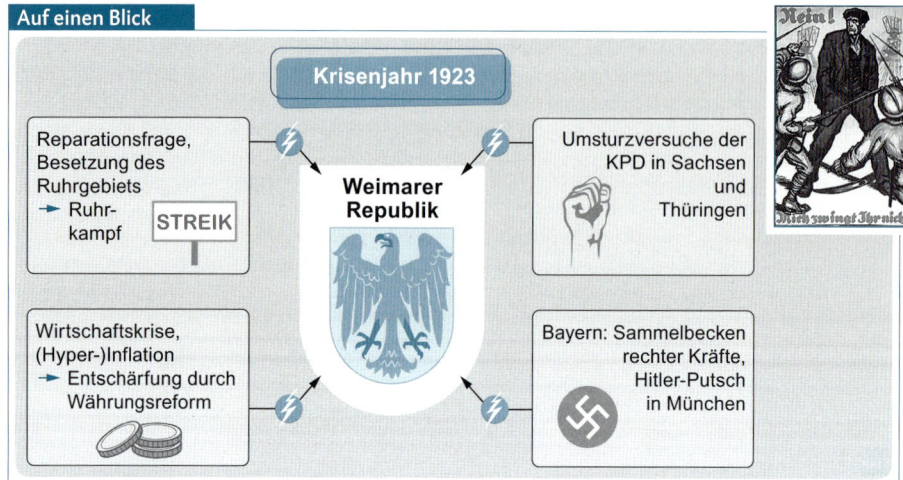

Auf einen Blick

Krisenjahr 1923

Reparationsfrage, Besetzung des Ruhrgebiets → Ruhrkampf STREIK

Weimarer Republik

Umsturzversuche der KPD in Sachsen und Thüringen

Wirtschaftskrise, (Hyper-)Inflation → Entschärfung durch Währungsreform

Bayern: Sammelbecken rechter Kräfte, Hitler-Putsch in München

Allgemeines

- **Krisenjahr 1923:** besonders ereignisreiches Jahr während der **unruhigen Anfangsphase** der Weimarer Republik 1919–1923
- **Probleme und Konflikte**, die die Republik erschüttern und bis zu ihrem Ende nachwirken

Ruhrkampf

- Dezember 1922: **Rückstand** Deutschlands bei den Reparationen (Sachleistungen wie Holz und Kohle) → Januar 1923: **Besetzung des Ruhrgebiets** durch französische und belgische Truppen
- große Empörung im Deutschen Reich → Aufruf der Regierung unter Wilhelm Cuno (parteilos) zum **passiven Widerstand** (keine Zusammenarbeit der Bevölkerung mit den Besatzern)
- Reaktion der Besatzer: Ausweisungen, Beschlagnahmungen, Unterbindung der Kohlelieferungen ins restliche Deutsche Reich
- **aktiver Widerstand** v. a. durch rechtsradikale Kräfte („Guerillakrieg", Sabotage, Anschläge) → harte Bestrafung durch die Besatzer
- Verschlechterung der deutschen Wirtschaftslage durch hohe Kosten des letztlich erfolglosen Ruhrkampfs → Rücktritt der Regierung Cuno und Beginn des Kabinetts Gustav **Stresemann** (DVP) im August 1923 → **Abbruch des passiven Widerstands** im September 1923, endgültiger Abzug der französischen und belgischen Truppen 1925

Wirtschaftskrise und Hyperinflation

- **schwierige wirtschaftliche Lage** im Deutschen Reich:
  - finanzielle Belastungen durch den **Ersten Weltkrieg**: Finanzierung des Kriegs durch Schulden (Kredite, Anleihen), anschließend Kriegsfolgekosten (z. B. Umstellung der Wirtschaft, Versorgung von Kriegsopfern und Arbeitslosen) und Zahlung von Reparationen
  - zunehmende **Verschlechterung** der Wirtschaftslage: Entwertung der Währung und Inflation, sinkende Löhne, steigende Arbeitslosigkeit

- **Ruhrkampf** 1923: zusätzliche **Belastung der Staatsfinanzen** → staatliche Unterstützung der streikenden Bevölkerung und Betriebe, fehlende Rohstofflieferungen aus dem Ruhrgebiet (stattdessen Importe), fehlende Staatseinnahmen (z. B. durch Steuern und Zölle)
- aus Geldmangel: Druck von mehr Geld → Entwicklung der Inflation zur **Hyperinflation**
- Entschärfung der Wirtschaftskrise: Durchführung einer **Währungsreform**
  - August/September 1923: neue Regierung unter Stresemann, **Ende des Ruhrkampfs**
  - November 1923: Währungsreform mit Einführung der **Rentenmark** → Ende der Inflation und Stabilisierung von Wirtschaft und Finanzen in den folgenden Jahren → wichtige Voraussetzung für die Regelung der Reparationsfrage im Dawes-Plan 1924
- **politisch-gesellschaftliche Auswirkungen** der Wirtschaftskrise:
  - v. a. Belastung des Mittelstands (verliert z. B. das Geld, das er dem Staat durch Kriegsanleihen zur Verfügung gestellt hat)
  - Industrielle und Großgrundbesitzer als Profiteure der Inflation
  - propagandistische Ausnutzung der Krise durch republikfeindliche Kräfte: **Stimmungsmache** gegen die Weimarer Demokratie und gegen andere Staaten (v. a. Frankreich)

Linke Umsturzversuche

- **KPD:** Gewinn neuer Anhänger durch Ruhrkampf, Wirtschaftskrise und Hyperinflation; sowjetische Unterstützung für die Durchführung einer Revolution
- zunehmende Zusammenarbeit der KPD mit der SPD in **Sachsen** und **Thüringen** (Oktober 1923: Bildung gemeinsamer Regierungen) → Ziel der KPD, in diesen Ländern die **Revolution** auszulösen; Aufstellung von paramilitärischen „**Proletarischen Hundertschaften**"
- Herbst 1923: **Reichsexekution** gegen Sachsen und Thüringen (Einmarsch der Reichswehr)

Hitler-Putsch

- Hintergrund: politisches Klima in **Bayern** 1923
  - Bayern als **Sammelbecken rechter und antidemokratischer Kräfte** („Ordnungszelle Bayern") → kein Verbot der NSDAP, zunehmender Einfluss rechtsradikaler, völkischer und nationalistischer Kräfte („Vaterländische Verbände")
  - sehr rechtsorientierte Regierung, Konflikte mit der Reichsregierung in Berlin
  - September 1923: Verhängung des **Ausnahmezustands** durch die bayerische Regierung → Gustav Ritter von **Kahr** als Generalstaatskommissar mit diktatorischen Befugnissen, „**Triumvirat**" Kahrs mit General Otto von **Lossow** (Reichswehr) und Hans von **Seißer** (Polizei)
  - Herbst 1923: eigenmächtiges Handeln der Reichswehr in Bayern → Verweigerung gegenüber Befehlen der Reichswehrführung, Zusammenarbeit mit der bayerischen Regierung
- 8./9. November 1923: **Putsch** rechtsextremer Kräfte um Adolf **Hitler** und General Erich **Ludendorff** in München
  - Ausrufung der „**nationalen Revolution**" am 8. November 1923: Putschisten erklären die bayerische Regierung sowie die Reichsregierung für abgesetzt → **neue Reichsregierung** soll aus Ludendorff, Hitler, Lossow und Seißer bestehen
  - ABER: Kahr, Lossow und Seißer distanzieren sich von den Putschisten und schalten Reichswehr und bayerische Polizei ein → 9. November 1923: **Niederschlagung des Putsches** während des Marsches zur Feldherrnhalle (20 Tote)
  - April 1924: milde Gerichtsurteile → mehrmonatige Festungshaft für Hitler in Landsberg am Lech (dort Arbeit an *Mein Kampf*) und **vorübergehendes Verbot der NSDAP**

Auf einen Blick

●●●●● Goldene Zwanzigerjahre? ●●●●●

➕ innenpolitische Stabilisierung, außen- politische Erfolge (Stresemann)	➖ zunehmende Radikalisierung
➕ Wirtschaftsaufschwung	➖ weiterhin hohe Arbeitslosigkeit
➕ Regelung der Reparationszahlungen	➖ Abhängigkeit von ausländischem Kapital
➕ soziale Verbesserungen	➖ weiterhin große soziale Unterschiede
➕ Emanzipation der Frau	➖ nur langsame Veränderung alter Rollenbilder
➕ vielfältige Hoch- und Massenkultur	➖ teils Rückwendung zu überholten Werten und Weltbildern
➕ zunehmende Technisierung und Mobilität	➖ Überforderung, Reizüberflutung
➡ Fortschrittsglaube und Begeisterung für die Moderne	➡ Fortschrittspessimismus und Verachtung für die Moderne

> im Vergleich mit Elend und Chaos der Nachkriegszeit sowie mit Weltwirtschaftskrise und Nationalsozialis-mus Eindruck von „Goldenen Zwanzigerjahren" ➡ nur relative, aber nicht absolute Phase der Stabilität

---

Politik und Wirtschaft in der „Ära Stresemann"

Gustav Stresemann (1878–1929) als Repräsentant der Zeit

- „**Ära Stresemann**" = nach Stresemann benannte Phase der Republik **(1923/24–1929)**
- politische Karriere: im Kaiserreich Reichstagsabgeordneter der Nationalliberalen Partei, 1918 Mitbegründer und Vorsitzender der DVP, ab 1919 Mitglied der Nationalversammlung bzw. des Reichstags, 1923 kurzzeitig Reichskanzler, anschließend **1923–1929 Außenminister**
- national eingestellter „**Vernunftrepublikaner**": Unterstützung der Republik nicht aus Über-zeugung (Ziel der DVP 1919: friedliche Rückkehr zur Monarchie), sondern aus **Realismus**
- Tod am 3. Oktober 1929 → Ende der „Ära Stresemann"

Stresemanns Außenpolitik

- Ziele: **friedliche Revision des Versailler Vertrags**, Ende der außenpolitischen Isolation, aber nur unter Berücksichtigung der Interessen der Westmächte → v. a. **Ausgleich mit Frankreich** (1926: Friedensnobelpreis für Stresemann und Frankreichs Außenminister Aristide Briand)
- **Locarno-Verträge** (Oktober 1925) mit Frankreich, Belgien, Polen und der Tschechoslowakei: Anerkennung der Grenzen im Westen, Revision der Grenzen im Osten nur auf friedlichem Weg, Gewaltverzicht und friedliche Beilegung von Konflikten
- **Berliner Vertrag** (April 1926): weiter Annäherung an die Sowjetunion als Reaktion auf Locarno (1922 bereits Aufnahme diplomatisch-wirtschaftlicher Beziehungen im **Vertrag von Rapallo**)
- Eintritt in den **Völkerbund** (September 1926) mit ständigem Sitz im Völkerbundsrat → Rück-kehr in die Außenpolitik als europäische Großmacht; Beitritt zum „**Briand-Kellogg-Pakt**": Äch-tung von Angriffskriegen als Mittel der Politik (1928)

Entwicklung von Innenpolitik und Wirtschaft

- Herbst 1923: Ende des Ruhrkampfs, Durchführung einer **Währungsreform**, Ende der Hyper-inflation → wichtige Voraussetzungen für die Erholung der Wirtschaft
- relative **politische Stabilität**, gewisses **wirtschaftliches Wachstum** (weiterhin Ausbau des Industrie- und Dienstleistungsstaats), **kulturelle Blüte** → „**Goldene Zwanziger**" 1924–1929
- Fortschritte in der Reparationsfrage:

– **Dawes-Plan** 1924: Festlegungen der Raten und Zahlungsweise, Reintegration Deutschlands in die Weltwirtschaft, dabei aber **Abhängigkeit von ausländischem Kapital**
– **Young-Plan** 1929: Senkung und zeitliche Begrenzung (1988) der Reparationen; ABER: Konferenz von Lausanne 1932: Erlass der Reparationen bei Zahlung einer Restschuld (nie geleistet)
• **soziale Verbesserungen:** Einführung der Arbeitslosenversicherung 1927, sozialer Wohnungsbau, Förderung von Bildung; ABER: weiter hohe Arbeitslosigkeit, soziale Not gewisser Schichten

Lebensgefühl, Kultur und Wissenschaft

Massengesellschaft und Massenkultur

• Entstehung einer **Massengesellschaft:** Teilhabe an Konsum, Wohlstand, Kultur, Freizeit und Sport für immer mehr Menschen; ABER: nur zum Teil Auflösung existierender Milieu-/Klassengegensätze, deutliche Unterschiede zwischen Stadt und Land
• blühendes Kulturleben in Städten (v. a. **Berlin** = international bedeutendes Kulturzentrum), vielfältiges Angebot (u. a. Oper, Theater, Kabarett, Varieté), Boom der Presse, steigende Bedeutung **neuer Medien:** Rundfunk, Schallplatte, Fernsehen, Kino
• hedonistisches, oft überdrehtes Lebensgefühl; **Jagd nach Unterhaltung**; **Amerikanisierung** = Vermittlung eines sorglosen „American way of life" (z. B. im Hollywood-Film), Übernahme amerikanischer Musik-, Sport- und Modetrends (z. B. Swing, Charleston, Boxen, Flapperkleider)
• zunehmende **Technisierung und Mobilität**, v. a. in Großstädten: Motorisierung (Auto, Motorrad), Elektrifizierung (Straßenbahn, Beleuchtung, Haushaltsgeräte), Kommunikation (Telefon) → ABER: Nutzung oft vermögensabhängig, Überforderung (hohes Tempo, Reizüberflutung)
• einerseits Fortschrittsglaube, **Begeisterung für die Moderne** (v. a. in Städten), freiere Entfaltung; andererseits Fortschrittspessimismus; **Verachtung für die Moderne**, den Amerikanismus und den vermeintlichen Sittenverfall; antiliberaler Elite-/Führerglaube (v. a. auf dem Land)

Vielfalt der Hochkultur und wissenschaftliche Blüte

• **Meinungs- und Kunstfreiheit** → große Experimentierfreudigkeit, künstlerische **Avantgarde:**
– klarer, sachlicher Stil der **Bauhaus-Schule** von Walter Gropius in Weimar bzw. Dessau als weltweites Vorbild moderner Architektur („Ikone der Moderne"); **Design** als neue Kunstform
– in Kunst und Literatur Fortführung des **Expressionismus** (z. B. George Grosz, Käthe Kollwitz) sowie Entstehung der **Neuen Sachlichkeit** (z. B. Otto Dix, George Grosz)
– weltweit beachtete Werke in Theater und Film, z. B. **episches Theater** Bertolt Brechts; blühendes literarisches Leben (u. a. Hermann Hesse, Thomas Mann, Gerhart Hauptmann)
• **Nobelpreise** für viele Wissenschaftler und Künstler (z. B. Albert Einstein, Thomas Mann), Gründung neuer Universitäten, verstärkte **Forschung** u. a. in Chemie, Medizin und Physik

Rollenbild und Stellung der Frau

• grundsätzlich rechtliche Gleichstellung der Geschlechter in der Verfassung, Politisierung der Frau durch Einführung des **aktiven/passiven Frauenwahlrechts** 1918/19 (erste Frauen in Parlamenten); ABER: keine völlige rechtliche Gleichheit, nur langsame Veränderung alter Rollenbilder
• **Frauenerwerbstätigkeit** zur Sicherung des Familieneinkommens, ABER: nach Ende des Kriegs meist wieder Verdrängung aus „Männerberufen" (z. B. in der Industrie) → Beschäftigung überwiegend in „Frauenberufen"als Stenotypistin, Sekretärin, Verkäuferin, Volksschullehrerin
• „Entdeckung der modernen Frau" mit Interessen neben Mutter-/Hausfrauenrolle → **Wunsch nach Emanzipation** (z. B. Debatte über „Abtreibungsparagraf" 218), „**neue Frau**" mit provokantem Styling („Bubikopf", freizügigere Kleidung), berühmte Vorbilder wie Marlene Dietrich

Auf einen Blick

Weltwirt-schaftskrise
- 1920er-Jahre: Überproduktion und Finanzspekulation in den USA
- Oktober 1929: Börsencrash in New York
- weltweite Wirtschafts- und Finanzkrise

in Deutschland

wirtschaftliche Folgen

- harte Auswirkungen wegen starker Abhängigkeit vom Ausland (Kredite, Exporte)
- Schließung vieler Banken und Unternehmen
- Massenarbeitslosigkeit, zunehmende Armut, große Verzweiflung

politische Radikalisierung

- Legitimationsverlust der regierenden Parteien und Zulauf zu radikalen Parteien (v. a. NSDAP)
- 1930: Bruch der Großen Koalition und Beginn der „Präsidialkabinette" → Reichspräsident als entscheidende Figur (statt Reichstag)
- zunehmende Gewalt auf den Straßen zwischen Nationalsozialisten und Kommunisten
- 30.01.1933: Ernennung Hitlers zum Reichskanzler

Ausbruch und Verlauf der Weltwirtschaftskrise (ab 1929)

- Erster Weltkrieg: abruptes Ende des anhaltenden konjunkturellen Aufschwungs und empfindliche **Störung des globalen Handels- und Währungssystems**
- seit Mitte der 1920er-Jahre: überhöhtes Wirtschaftswachstum in den USA (angeheizt durch Börsenspekulationen) → **Überproduktion:** Güterangebot weit größer als Nachfrage
- 24./25. Oktober 1929: „Black Thursday"/„**Schwarzer Freitag**" an New Yorker Börse mit **Kurseinbrüchen** nach übermäßigen Investitionen → Platzen der Spekulationsblase, schwere **Wirtschaftskrise** in den USA: Banken und Unternehmen bankrott, viele Entlassungen
- **Ausweitung** des Börsenkrachs **zur Weltwirtschaftskrise:**
  - Verringerung des internationalen Warenaustauschs; Verschärfung des Handelsrückgangs durch amerikanische **Schutzzollpolitik**, die ausländische Importe in die USA erschwert
  - Beschleunigung der Rezession durch **Rückforderung amerikanischer Auslandskredite** aus Europa → Übergreifen der Wirtschaftskrise auf den europäischen Kontinent
  - besondere Lage in Deutschland: großer **Kapitalmangel**, u. a. wegen hoher **Reparationen** → ab 1923/24: Aufnahme kurzfristiger Kredite bei US-Banken → starke **Abhängigkeit von ausländischem, v. a. amerikanischem Kapital**, vom Export eigener Produkte ins Ausland und vom internationalen Finanzsystem

Folgen und Krisenentscheidungen in Deutschland

- **drohende Zahlungsunfähigkeit** deutscher Banken, starke Erschütterung des Vertrauens in deutsches Finanzsystem durch **Zusammenbruch der „Danatbank"** (Darmstädter und Nationalbank) 1931, Schließung zahlreicher Unternehmen
- **Rückgang der Industrieproduktion**, da weniger Nachfrage im Inland und weniger Exporte
- Senkung der Löhne, starker **Anstieg der Arbeitslosenzahlen** (bis 1932 auf rund 6 Millionen)
- wegen geringer sozialer Absicherung **schwere soziale Krise:** Hungersnot und Massenelend bei Arbeitslosen, Unter- und Mangelernährung bei Kindern, vermehrt Schwangerschaftsabbrüche
- **Flucht aus den Städten** aufs Land in der Hoffnung auf Arbeit und Nahrungsmittel

- psychische Folgen: Gefühl von Nutzlosigkeit und Hoffnungslosigkeit, sinkendes Vertrauen in die Politik → Legitimationsverlust der regierenden Parteien, **Zulauf zu radikalen Parteien**
- 1930: **Streit um** die Finanzierung der 1927 eingeführten **Arbeitslosenversicherung**, die die Massenarbeitslosigkeit nicht auffangen kann → **Zerbrechen der** 1928 gebildeten **Großen Koalition** (Zentrum, DVP, DDP, BVP, SPD) unter Kanzler Hermann Müller (SPD)
- 1930–1932: eiserne **Sparpolitik** der Regierung unter Heinrich Brüning (Zentrum, „Hungerkanzler") → **Deflationspolitik**, Verzicht auf Ankurbelung der Wirtschaft und Arbeitsbeschaffungsmaßnahmen, stattdessen Kürzung von Staatsausgaben, Senkung der Gehälter im öffentlichen Dienst, Steuererhöhungen, Abbau von Sozialleistungen
  - **Verschärfung der Wirtschaftskrise** und wachsende **Radikalisierung der politischen Landschaft**
  - anderes Vorgehen in den **USA: „New Deal"** (Franklin D. Roosevelt, ab 1933) → Übernahme wirtschaftlicher Verantwortung durch den Staat, Reformen statt Festhalten an überkommenen Strukturen/Werten: Arbeitsbeschaffungsmaßnahmen, Subventionen, günstige Kredite, Steuererhöhungen, Stärkung von Gewerkschaften, Renten- und Arbeitslosenunterstützung

Politische Radikalisierung und Scheitern der Weimarer Republik

- 1930: nach Bruch der Großen Koalition **Beginn der „Präsidialkabinette"**, zuerst unter Reichskanzler Brüning → Regierung ohne Parlamentsmehrheit durch **Notverordnungen** (Art. 48), abhängig vom Vertrauen des Reichspräsidenten Paul von Hindenburg (1925 nach Eberts Tod gewählt) → Reichstagsauflösung (Art. 25) bei Widerspruch gegen Notverordnungen
- Einfluss rechtskonservative Berater **(„Kamarilla")** auf den **Monarchisten Hindenburg**
- Reichstagswahl 1930: **NSDAP** wird **zweitstärkste Fraktion** → zeitweise Tolerierung der Regierung Brüning durch SPD und gemäßigte Bürgerliche
- Mai/Juni 1932: **Sturz Brünings** durch Hindenburg → **Ernennung Franz von Papens** zum Reichskanzler, „Kabinett der Barone" (da v. a. deutschnationale Adlige)
- Aufhebung des von Brüning erlassenen SA- und SS-Verbots → erneut steigende **Gewalt zwischen Kampfverbänden:** neben SA und SS (NSDAP) v. a. Roter Frontkämpferbund (KPD), zudem Stahlhelm (DNVP), Reichsbanner Schwarz-Rot-Gold und Eiserne Front (Republiktreue)
- **Straßenkämpfe zwischen SA und Kommunisten** als Anlass für Papen und Hindenburg, die demokratische, von der SPD geführte Minderheitsregierung in Preußen abzusetzen **(„Preußenschlag")** = Verlust der letzten Machtposition der Republiktreuen in der Exekutive
- Juli 1932: Auflösung des Reichstags durch Hindenburg → Neuwahlen mit Mehrheit für die republikfeindlichen Kommunisten und Nationalsozialisten, **NSDAP = stärkste Partei**, ABER: Weigerung Hindenburgs, Hitler zum Reichskanzler zu ernennen
- Misstrauensvotum des Reichstags gegen weiterregierenden Papen → **Reichstagsauflösung**, November 1932: **Neuwahlen** → keine regierungsfähige Mehrheit, Papen zunächst noch im Amt, aber bald darauf Entlassung durch Hindenburg
- Dezember 1932: **Ernennung Kurt von Schleichers**, der eine breite parlamentarische Basis für seine Wirtschafts- und Sozialpolitik sucht **(„sozialer General")** und schließlich versucht, eine präsidiale Diktatur durchzusetzen **(„Staatsnotstandsplan")**
- **Scheitern Schleichers** → Bereitschaft Hitlers, Koalitionsregierung mit Deutschnationalen und parteilosen Konservativen zu bilden → Versicherung Papens, die Nationalsozialisten in einer gemeinsamen Regierung zu „zähmen" („Zähmungskonzept")
- 30. Januar 1933: **Ernennung Hitlers zum Reichskanzler** durch Reichspräsident Hindenburg

Auf einen Blick

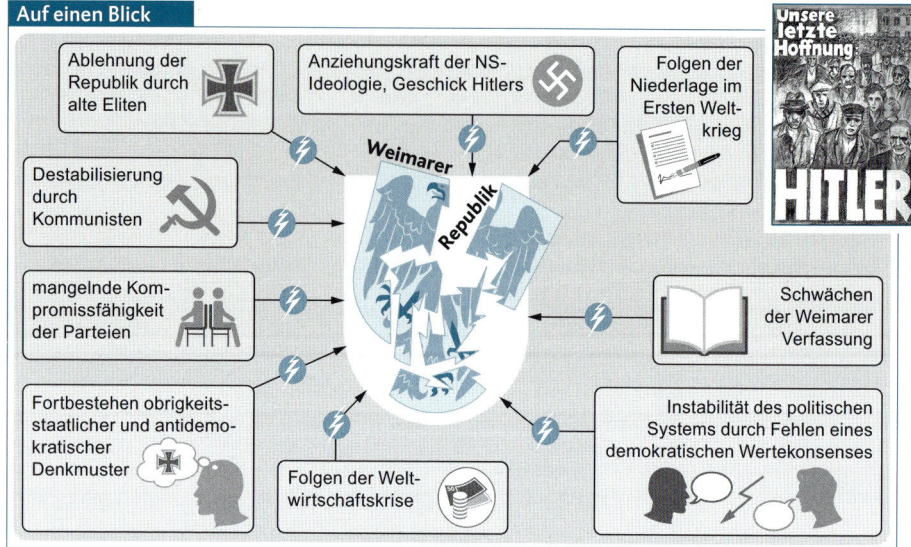

Der Aufstieg der NSDAP bis zur Machtübernahme 1933

- 5. Januar 1919: **Gründung** der völkisch-antisemitischen **Deutschen Arbeiterpartei** (DAP) in München (Hintergrund: **Kriegsniederlage**, Revolution, Zusammenbruch Deutschlands)
- September 1919: **Eintritt** Adolf **Hitlers** in die DAP → Zuständigkeit für **Parteipropaganda**
- 24. Februar 1920: Umbenennung der DAP in **Nationalsozialistische Deutsche Arbeiterpartei (NSDAP)**, Veröffentlichung des „**25-Punkte-Programms**" → Inhalte/Forderungen: u. a. Aufhebung des **Versailler Vertrags**, Ablehnung der deutschen Staatsbürgerschaft für **jüdische Bevölkerung**, Errichtung eines **großdeutschen Staats**
- 1921: **Parteivorsitz** für Hitler, Gründung der Kampforganisation „**Sturmabteilung**" (SA)
- vor dem Hintergrund der Krisen der frühen Republik (v. a. 1923): **steigende Mitgliederzahlen** und **Ausbreitung** der NSDAP; zunehmender Einfluss durch aggressive **Propaganda**, Hitlers **rhetorische Fähigkeiten**, bewusst inszenierte **Massenveranstaltungen**, **Straßenterror** der SA, Unterstützung durch einflussreiche **bayerische Kreise** sowie Angehörige der **Reichswehr**
- 8./9. November 1923: gescheiterter **Hitler-Putsch** in München
  - vorübergehendes **Verbot der NSDAP**
  - mehrmonatige **Festungshaft Hitlers** (Landsberg am Lech), Arbeit an *Mein Kampf* = Hitlers weltanschaulich-politische Vorstellungen; v. a. „**Rassenfrage**", Eroberung von „**Lebensraum im Osten**" für das „arische" deutsche Volk → zentrale Basis der rassistisch-antisemitischen, nationalistischen, antiliberalen, antibolschewistischen, sozialdarwinistischen **NS-Ideologie**
- 27. Februar 1925: **Neugründung** der NSDAP durch Hitler (zunächst **Splitterpartei**) mit strafferer Organisation und klarer Abgrenzung von anderen völkisch-nationalistischen Parteien, umfassende **Ausrichtung auf Hitler**, Übergang zur „**Legalitätstaktik**" = Erlangung der politischen Macht auf **legalem Weg** (Gewinn von Wählerstimmen, Mehrheiten in den Parlamenten)
- Entstehung verschiedener **NS-Organisationen**, z. B. **Schutzstaffel** (SS), **Hitlerjugend** (HJ), Nationalsozialistischer Deutscher Studentenbund, Nationalsozialistischer Deutscher Ärztebund

- **steigende Mitgliederzahlen** und Ausdehnung über das gesamte Deutsche Reich
- 1929: Agitation gegen den **Young-Plan** mit **DNVP** (unter Medienmogul Alfred **Hugenberg**) und „**Stahlhelm**", ABER: Scheitern des **Volksentscheids** vom 22. Dezember 1929
- höhere Bekanntheit durch Widerstand gegen den Young-Plan und Zusammenarbeit mit der DNVP sowie Verzweiflung vieler Bürger (Weltwirtschaftskrise) → **Durchbruch** der NSDAP
  - 1930 zweitstärkste, 1932 **stärkste Partei** bei Reichstagswahlen
  - große Wahlerfolge in verschiedenen Ländern des Deutschen Reichs
  - Aufstieg von der Splitter- zur **Massenpartei**
- **Wähler/Mitglieder der NSDAP:** Militärs (z. B. ehemalige Freikorps), Gegner der demokratisch-republikanischen Ordnung, Angehörige von Mittelschicht und Bürgertum (z. B. Beamte, Selbstständige), Bevölkerung in ländlich-protestantischen Gebieten, Teile der Arbeiterschaft → Wähler aus allen Bevölkerungsschichten, Auffangbecken für Hoffnungslose mit Sehnsucht nach starker Führungsfigur → NSDAP als erste **klassen- und milieuübergreifende Volkspartei**
- **Reichspräsidentenwahl** 1932: Hitler verliert gegen Amtsinhaber Paul von **Hindenburg**
- 30. Januar 1933: Ernennung Hitlers zum Reichskanzler, Regierungskoalition aus NSDAP und DNVP → endgültiges Scheitern der Weimarer Republik und **Beginn der NS-Diktatur**

Zusammenfassung: Gründe für das Scheitern von Weimar

weitgehende Einigkeit unter Historikern: **multikausale Untersuchung des Scheiterns der Weimarer Republik** und des Aufstiegs des Nationalsozialismus **notwendig** (wenn auch unterschiedliche Gewichtung einzelner Gründe) → Zusammenspiel von Faktoren aus verschiedenen Bereichen (Politik, Wirtschaft, Gesellschaft, Soziales, Kultur)

- kein umfassender Bruch der **Revolution 1918/19** mit dem politischen, wirtschaftlichen und gesellschaftlichen System der Kaiserzeit → u. a. **Ablehnung der Republik durch alte Eliten** des Kaiserreichs, die in Machtpositionen (Militär, Verwaltung, Justiz) geblieben sind
- **Schwächen der Verfassung von 1919** (z. B. Zulassung von Splitterparteien im Parlament, starke Rolle des Reichspräsidenten), die sich v. a. in der kritischen Endphase von Weimar zeigen und besonders durch rechtskonservativ-autoritäre Kreise um Reichspräsident Hindenburg und seine „Kamarilla" ausgenutzt werden
- Belastungen durch die **Niederlage im Ersten Weltkrieg:** Staatsschulden, **Inflation**, Vertrauensverlust der Bevölkerung, **Versailler Vertrag**, kollektives Gefühl ungerechter Behandlung → **Nährboden für rechte Propaganda** (Kriegsschuld- und **Dolchstoßlegende**)
- **Fortbestehen obrigkeitsstaatlicher, antidemokratischer Denkmuster** bei Großteil der Bevölkerung anstelle von demokratischem Bewusstsein → latente **Instabilität des politischen Systems** durch Fehlen eines demokratischen Wertekonsenses
- **fehlende Bereitschaft der Parteien zur Zusammenarbeit** (mangelnde Regierungstradition, Egoismus, Rivalitäten), selbst bei republiktreuen Parteien **zu wenig Einsatz** für die Republik
- **Destabilisierung der Republik durch Kommunisten:** Abhängigkeit von Moskau, Gegnerschaft zur SPD (keine gemeinsame Front der Arbeiterschaft gegen die NSDAP), hemmendes Verhalten im Parlament, Straßenkämpfe → verbreitete Furcht vor bolschewistischer Revolution
- **Folgen der Weltwirtschaftskrise:** Verstärkung bereits vorhandener antidemokratischer und nationalistischer Einstellungen, Radikalisierung der vom Elend bedrohten Bevölkerung
- **Anziehungskraft der NS-Ideologie,** die mit zunehmender wirtschaftlich-politischer Krise steigt; **Geschick Hitlers**, der konsequent Fehler und Schwächen der Demokraten ausnutzt

Auf einen Blick

Beispiele für verschiedene Formen historischer Erinnerung

Gedenktage: Tag der Deutschen Einheit

Grabmäler: Pyramiden von Gizeh

Straßenbenennungen: Konrad-Adenauer-Straße

Fernsehsendungen: „Charité"

Betrachten von Kunstwerken: Höhlenmalereien

Gedenkstätten: KZ-Gedenkstätte Bergen-Belsen

Sagen: Nibelungensage

Denkmäler: Bismarck-Denkmal

Ausstellungen: Wehrmachtsausstellung

Monografien: Christopher Clark, „Die Schlafwandler"

Begrifflichkeiten

- **Geschichte** = vergangenes Geschehen sowie Erforschung, Deutung und Darstellung vergangener Ereignisse, Vorgänge und Handlungen
- **Geschichtsbewusstsein** = Bewusstsein von der Geschichtlichkeit des Menschen und der von ihm geschaffenen Einrichtungen, Kulturen und Erkenntnisse
- Grundlage für **historisches Wissen:** kritische Auswertung und Interpretation überlieferter **Zeugnisse aus der Vergangenheit** (durch Historikerinnen und Historiker)
- **Geschichtskultur** = alle **Erscheinungsformen von Geschichte** (historisches Lernen, historisches Wissen, historische Produktionen wie z. B. Bücher oder Filme) in einer Gesellschaft
- **Erinnerungskultur** = funktionaler Gebrauch der Vergangenheit: **Umgang** des Einzelnen und **der Gesellschaft mit Geschichte** → drei Bedeutungen des Begriffs nach Aleida Assmann:
  - **Pluralisierung** (Entstehung einer Vielfalt) und Intensivierung **der Beschäftigung mit der Vergangenheit**, die nicht mehr auf akademischen Bereich beschränkt ist
  - **Aneignung der Vergangenheit durch eine Gruppe** mit identitätsstiftender Wirkung
  - „ethische Erinnerungskultur" als **kritische Auseinandersetzung mit Staats- und Gesellschaftsverbrechen**, besonders aus der Opferperspektive
- **kollektives Gedächtnis** (Maurice Halbwachs) = gemeinsame **Gedächtnisleistung von Menschen eines Kollektivs**, die den **Rahmen für ethische Normen** und gültigen Verhaltenskodex bildet und auch die individuelle Erinnerung beeinflusst → Weiterentwicklung und Differenzierung der Theorie durch Jan Assmann mithilfe der folgenden Begrifflichkeiten:
  - **kommunikatives Gedächtnis:** mündlich weitergegebene Erfahrungen und Traditionen → auf zwei bis vier Generationen beschränkt und von großer **Alltagsnähe** gekennzeichnet
  - **kulturelles Gedächtnis:** Kunst- und Kulturgegenstände sowie schriftliche Überlieferungen, die weit in die Vergangenheit zurückreichen → nur **wiederholte symbolische Inszenierung** der erinnerten Ereignisse sorgt für Präsenz des Vergangenen → Wandlung zum Mythos
- **soziales Gedächtnis** = archivierte Form des kollektiven Gedächtnisses, z. B. Bücher- oder Bildersammlung

Formen historischer Erinnerung

- Anlage von **Grabmälern, Friedhöfen und Mausoleen** als älteste Form der Erinnerungskultur, z. B. Pyramiden von Gizeh
- **Familienalben, Ahnenforschung** oder Feier **persönlicher Jubiläen** als private oder subjektive Formen der Erinnerungskultur
- **Archive**, deren Materialien zur Erschließung historischer Sachverhalte durch Geschichtswissenschaft genutzt werden → **Aufbereitung der Inhalte** in Monografien, Festschriften oder Zeitschriftenartikeln
- **Museen** und **Ausstellungen** zur öffentlichen Dokumentation und **medialen Darstellung** von Geschichte
- **Denkmäler** für Personen und historische Ereignisse, z. B. Kriegerdenkmal, Mahnmal, Nationaldenkmal
- **öffentliche Veranstaltungen**, die meist staatlicher Lenkung unterworfen sind, z. B. Gestaltung von **Gedenk- und Feiertagen** sowie **Preis- bzw. Ordensverleihungen**
- **Straßenbenennungen** nach historischen Persönlichkeiten oder Ereignissen, z. B. „Straße des 17. Juni" in Berlin als Erinnerung an den Volksaufstand in der DDR am 17. Juni 1953
- **Gedenkstätten** an Orten von historischer Bedeutung (z. B. Konzentrations- und Vernichtungslager der Nationalsozialisten), aber auch **dezentrale Gedenkorte** (z. B. Stolpersteine vor ehemaligen Wohnhäusern von Juden)
- Konservierung und Rekonstruktion **historischer Gebäude**, z. B. Wiederaufbau des Stadtschlosses in Berlin
- Erinnerung durch **szenisches oder funktionales Handeln**, z. B. Reenactment-Veranstaltungen (Nachstellen historischer Ereignisse) oder Betrieb historischer Verkehrsmittel
- Rezeption von **Romanen, Filmen und Fernsehsendungen** mit geschichtlichen Inhalten
- Betrachten von **Kunstwerken**, Hören von **Musik** sowie Teilnahme an **religiösen Ritualen**
- mündliche Tradierung historischer Erfahrungen, u. a. auch von **Sagen, Legenden und Mythen**

Funktionen historischer Erinnerung

- Erklärung der Gegenwart und **Sinnstiftung** durch Vergegenwärtigung des Vergangenen → institutionalisiertes Erinnern zeigt, was einer Gesellschaft besonders wichtig ist, und dient der **Systemstabilisierung**
- **Identitätsstiftung** und Begründung einer „Wir"-Gemeinschaft → ABER: **Gefahr der Geschichtsfälschung**, wenn gegenwärtige Handlungen historisch gerechtfertigt und starke gesellschaftliche Bindungen erzeugt werden sollen, z. B. **Nationsmythen** des 19. Jahrhunderts
- **Lernen aus der Geschichte?**
  - von der Antike bis ins 18. Jahrhundert: Vorstellung von der **Geschichte als „Lehrmeisterin des Lebens"** (Cicero) → Hoffnung, aus Analyse der Vergangenheit Grundsätze und Regeln für richtiges und vernünftiges Verhalten in der Gegenwart ableiten zu können
  - ab Ende des 18. Jahrhunderts: Überzeugung von der Einmaligkeit und **Unwiederholbarkeit geschichtlicher Erscheinungen**, die immer an besondere Umstände geknüpft sind → keine Möglichkeit, aus Vergangenheit konkrete Problemlösungen für die Gegenwart abzuleiten
  - heutige Sicht: Geschichte als **Orientierung über eigene Herkunft** und Möglichkeit zur **Erweiterung des Horizonts** → eher indirekte Beeinflussung und **Bereicherung der Gegenwart** durch Beschäftigung mit Vergangenheit
- Erinnerung an geschehenes Unrecht als **Voraussetzung für Versöhnung**

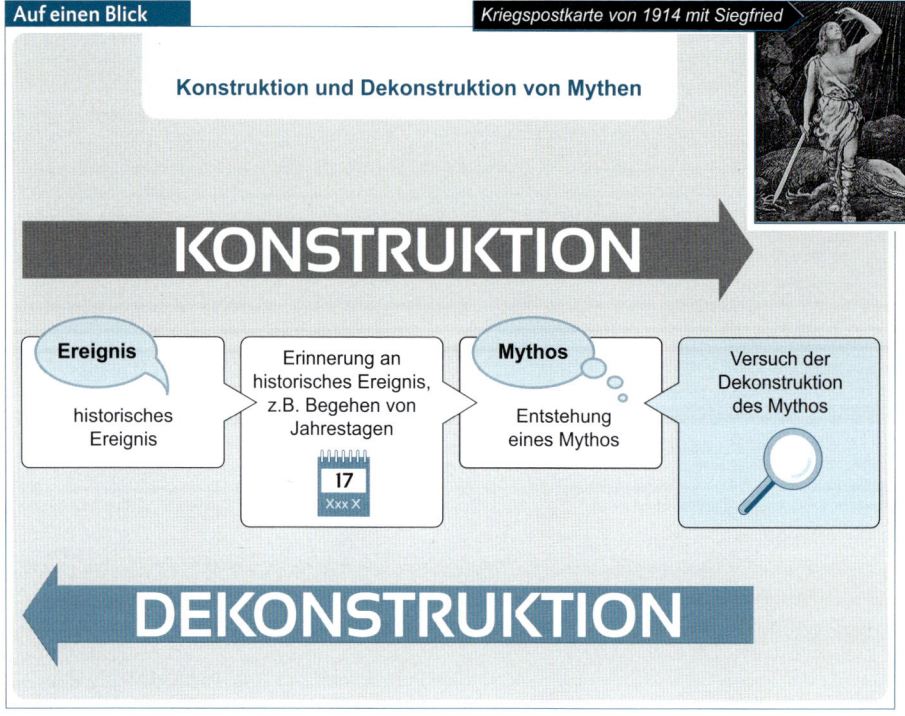

Auf einen Blick

Kriegspostkarte von 1914 mit Siegfried

Konstruktion und Dekonstruktion von Mythen

KONSTRUKTION

Ereignis
historisches Ereignis

Erinnerung an historisches Ereignis, z.B. Begehen von Jahrestagen
17 Xxx X

Mythos
Entstehung eines Mythos

Versuch der Dekonstruktion des Mythos

DEKONSTRUKTION

Allgemeines

- **doppelte Bedeutung** des Begriffs „Mythos":
  - **Verfälschung** von Tatsachen
  - **sinnstiftende Erzählung**, in der es nicht um historische Wahrheit, sondern um politische Bedeutsamkeit geht
  → schwerere Erkennbarkeit von zum Mythos gewordener Geschichte als von ganz klar verfälschter Geschichte → Notwendigkeit von Dekonstruktion der Mythen
- **Dekonstruktion von Mythen:**
  - Prüfung von vermeintlichen Tatsachen
  - Suche nach Gründen für die Erinnerung an ein bestimmtes Ereignis
  - umfassende und gründliche Untersuchung von Mythen
- **Merkmale von Mythen:**
  - Herauslösung der Geschichte aus unmittelbarem zeitlichen Kontext und Behauptung von **Überzeitlichkeit**
  - teilweise **Personenkult** um Protagonisten
  - **Appell an Emotionen** der Menschen und ihren Wunsch nach Glauben an Wahrheit
- **Funktionen von Mythen** in der Geschichtskultur:
  - Begründung von politischen Ansprüchen bzw. **Rechtfertigung und Stabilisierung von politischer Macht**, vor allem in Umbruchsituationen

- **Legitimierung** einer Ideologie, einer Gesellschaft sowie ihrer sozialen Ordnung
- Reduzierung der Komplexität von historisch-politischen Prozessen und dadurch **Verständlichmachen von Entwicklungen**
- **Mobilisierung von Menschen** durch Erinnerung an vorbildhafte Personen und Epochen
- **Schaffung** eines Gemeinschaftsgefühls und **einer nationalen Identität** durch gemeinsame Erinnerung an die Vergangenheit

Funktionen von Jahrestagen (nach Aleida Assmann)

- Anlässe für Interaktion und Partizipation: Schaffung eines **Raums der organisierten Wiederkehr von Vergangenheit** → Einbettung der Vergangenheit in die Gegenwart
- Gelegenheit für **Wir-Inszenierungen:** Gemeinschaften können sich als kollektive Identität in der Anonymität der individualisierten demokratischen Gesellschaft darstellen
- **Anstoß zur Reflexion:** regelmäßige Wiederkehr und starke Ritualisierung verwandeln Geschichte in **Mythos, kontroverse Neudeutungen** des Ereignisses verwandeln Mythos dann wieder in **Geschichte**
- **Ziele:** Suche nach **Orientierung** und Vergewisserung von **Identität**

Beispiel: Nibelungen-Mythos

- **Erzählung** von den Nibelungen:
  - Held **Siegfried**, der durch Bad in Drachenblut als Jugendlicher **unverwundbar** ist (abgesehen von einer Stelle am Rücken), möchte burgundische Prinzessin Kriemhild heiraten
  - er muss Kriemhilds Bruder Gunther von seiner Eignung überzeugen, indem er dessen Angebetete Brünhild für ihn erobert
  - Doppelhochzeit Siegfried/Kriemhild und Gunther/Brünhild, dann aber **Verrat durch Hagen von Tronje** (eigentlich Gefolgsmann der Burgunder), der Siegfried an seiner einzig verwundbaren Stelle ersticht
- **große Beliebtheit der Nibelungenerzählung** bereits im Mittelalter und bei Aufkommen eines **deutschen Nationalgedankens** im 18./19. Jahrhundert → Geschichte der Nibelungen und ihres Untergangs im kulturellen Gedächtnis der deutschen Gesellschaft tief verankert
- **deutsches Kaiserreich:** Instrumentalisierung der Erzählung durch deutsche Politiker und Militärs mithilfe des Begriffs „Nibelungentreue", um Deutschlands **Bindung an Österreich** und „Blankoscheck" in der Julikrise zu rechtfertigen
- **nach dem Ersten Weltkrieg/in der Weimarer Republik:**
  - Erfindung der **Dolchstoßlegende** durch Angehörige der Obersten Heeresleitung am Ende des Ersten Weltkriegs: Deutschland sei militärisch unbesiegt geblieben und nur durch Verrat von Juden, Sozialisten und Kommunisten an der Heimatfront um den Sieg gebracht worden
  - **Weiterverbreitung der Dolchstoßlegende** in rechten Kreisen, um Weimarer Republik zu diffamieren: **Heranziehung der Erzählung von Siegfried**, der ebenso hinterrücks von Hagen getötet worden und Opfer einer Verschwörung geworden sei wie das deutsche Heer → Aussage: **Deutschland könne nur durch Verrat besiegt werden**
- **im Nationalsozialismus:**
  - Wiederaufkommen des Begriffs „Nibelungentreue" zur Propagierung der unbedingten Unterwerfung unter den „Führer" Adolf Hitler
  - Hervorhebung und **Verherrlichung von Opferbereitschaft** mithilfe des Mythos zur Vorbereitung auf neuen Kampf

Auf einen Blick

War die Oktoberrevolution eine Revolution?

PRO

- Absetzung der Provisorischen Regierung und Machtübernahme der Bolschewiki
- radikaler Umsturz
- Beginn einer ganz neuen Epoche
- Stattfinden vor revolutionär aufgeladenem Hintergrund

KONTRA

- Umsturz von einer Gruppe getragen, nicht von der breiten Masse
  → auch nachträglich keine Legitimation für Alleinherrschaft der Bolschewiki
- Bolschewiki bereits zuvor Teil der herrschenden Elite → nur Austausch von Eliten
- gewaltsame Aktion einer kleinen Gruppe (geführt von Militärs) mit dem Ziel, die Regierung zu stürzen
  → eher Putsch als Revolution
- Ablauf im Vorhinein genau geplant
- weitgehend friedlicher Ablauf
  → Machtwechsel ohne größere Widerstände

 Oktoberrevolution als Putsch mit revolutionärer Absicht vor revolutionär aufgeladener Kulisse

Bewertung der Oktoberrevolution und Entstehung des Mythos

- Bezug der „Oktoberrevolution" auf den im Oktober 1917 von den Bolschewiki (gewaltsam, aber weitgehend unblutig) herbeigeführten **Machtwechsel in Russland**, der zur Errichtung einer **Räterepublik** führte
- **Infragestellung, ob es sich** bei Ereignissen im Oktober/November 1917 wirklich **um eine Revolution handelt:**
  - Oktoberrevolution von Historikern **oft als Putsch bzw. Staatsstreich eingeordnet**, da Ablauf im Gegensatz zur Februarrevolution genau geplant war, ABER: Stattfinden der Oktoberereignisse vor revolutionär aufgeladener Kulisse
  - Ablauf der Oktoberrevolution eigentlich **friedlich und ohne größere Widerstände** → Fehlen des Dramatischen und Heroischen → Konstruktion des identitätsstiftenden **Mythos vom „Sturm auf den Winterpalast"**
- Mittel zur **Konstruktion des Mythos:** propagandistische Gemälde, Reenactments, Freilichtschauspiele, Denkmäler, geschönte Erinnerungen

Chronologie des Mythos

- November 1918: erstmaliges offizielles **Gedenken an „Große Sozialistische Oktoberrevolution"** bzw. an „Roten Oktober" (trotz Umstellung des Kalenders und Stattfinden des Gedenkens im November)
- 1920er-Jahre: Sammlung von Zeitzeugenberichten und Bildmaterial zur Oktoberrevolution, um möglichst **eindrucksvolle Geschichte des Aufstiegs und Siegs der Bolschewiki konstruieren** zu können

- **Tod Lenins** 1924: **Entstehung eines Personenkults** um vermeintliches „Genie der Revolution" und ersten sowjetischen Staatschef → Erweiterung des Gründungsmythos der Oktoberrevolution um **Helden- und Vaterfigur**
- ab 1927: **7. November** im Gedenken an die Oktoberrevolution als **höchster Staatsfeiertag in der Sowjetunion** und in Russland
  - Ansprachen und Militärparaden zur **Verherrlichung des Umsturzes** als Aufbruch in den Sozialismus → **Gründungsmythos:** Oktoberrevolution als **Geburtsstunde Sowjetrusslands**
  - Höhepunkt der Konstruktion des Mythos: **Revolutionsfilm „Oktober"** von Sergej Eisenstein von 1927 zur Inszenierung einer **fesselnden und mitreißenden Geschichte**, die Bild von Oktoberrevolution bis heute prägt (oft Verwendung von Szenen daraus in Dokumentationen)
- nach siegreicher Beendigung des „**Großen Vaterländischen Kriegs**" gegen NS-Deutschland **Wiederbelebung des Gründungsmythos** der Oktoberrevolution, da damals entstandener Staat sich jetzt gegen existenzielle Bedrohung behauptet habe
- ab 1996: **Umbenennung des Feiertags** in „Tag der Aussöhnung und Eintracht" wegen kritischer **Neubewertung der Herrschaft der Bolschewiki** in Russland
- 2004: vollkommene **Abschaffung** durch die Duma, da Erinnerung an die Revolution zunehmend mit **Kritik an gegenwärtiger russischer Regierung Putins** verbunden wird
- ab 2005: Einführung des 4. November als „**Tag der Aussöhnung des Volkes" als Ersatzfeiertag**, ABER: Teile der Bevölkerung gegen Abschaffung des Revolutionsjubiläums
- **Hundertjahrfeier der Revolution** 2017: **Betonung** der russischen Vaterlandsliebe, des starken, einheitlichen Staats und anderer, **länger zurückreichender Traditionen** und Kontinuitäten ↔ **Dämonisierung** der politischen Praxis **der Bolschewiki** und des Jahres 1917

Globale Wirkung des Mythos

- Mythos vom „Roten Oktober" aus Sicht der Bolschewiki auch **Signal ans Ausland**, um dort ebenfalls **Herbeiführung eines Umsturzes** zu bewirken → zahlreiche, allerdings **gescheiterte Versuche** in anderen Ländern → weitere Aufwertung der russischen Erfolge und Protagonisten
- März 1919: Gründung der **Kommunistischen Internationale** (Komintern) → internationale Verbreitung des Mythos der Oktoberrevolution, ABER: im Ausland Vorherrschen von **Angst vor Gewaltherrschaft** der Bolschewiki → in Kombination mit weitverbreitetem Antisemitismus **Entstehung von Verschwörungstheorien und Feindbildern** („jüdischer Bolschewismus")
- nach 1944/45: **Ausdehnung des sowjetischen Machtbereichs** bis nach Mitteleuropa → Übernahme des **Gründungsmythos der Oktoberrevolution** in anderen sozialistisch regierten Staaten
- **weltweite Strahlkraft** des Mythos „Oktoberrevolution": Modell einer Erhebung unter Führung einer sozialistischen Partei als **Leitbild für Unabhängigkeits- und Widerstandsbewegungen** in Asien, Afrika und Lateinamerika zur Befreiung von westlicher Kolonialherrschaft